Elog

Un Dios más gran

"En su nuevo estudio bíblico, Debbie presenta una nueva perspectiva para vernos reflejadas en las vidas de estas increíbles mujeres. Algunas sufrieron maltrato, estaban deshechas o abatidas bajo el peso de la desesperanza. Una joven que no estaba capacitada para cierta función, fue elegida para un propósito de grandes proporciones. Estas páginas llenas de verdad me ayudaron a darme cuenta del amor asombroso e inigualable que nuestro gran Dios tiene por mí, una mujer común. Espero dedicar todos mis días a expresar ese amor y verdad".

—**Amy Richissin**, directora de desarrollo de Turning Point

"Las mujeres en la iglesia actual están hambrientas de excelentes materiales de estudio bíblico, y este libro será una bendición para todas aquellas que lo usen. He dedicado mis años de jubilación a impartir estudios bíblicos para mujeres en mi iglesia. ¡Adivina cuál libro va a ocuparnos en el próximo estudio! Será de gran aliento para las mujeres volver a aprender la lección que Dios ha tratado de impartir en nuestros corazones desde el nacimiento, la vida y la resurrección de nuestro Salvador: que todas tenemos un papel en el plan de Dios y que nunca debemos subestimar lo que nuestro Dios poderoso puede hacer en una vida rendida a Él".

—**Diane Passno**, maestra bíblica (jubilada), vicepresidenta sénior de Focus on the Family

"¿Amenazan con derribarte tus problemas? El extraordinario libro de Debbie Wilson, *Un Dios más grande que mis problemas*, te muestra a dónde llevarlos. *Nuestra ayuda viene de nuestro gran Dios.* Respira profundo, tranquilízate y recobra tus fuerzas. Han llegado la ayuda y la esperanza que necesitas".

—**Nancy Cobb**, oradora nacional e internacional, autora de varios libros, entre ellos *The Best Thing I Ever Did for My Marriage*

"Los desafíos de hoy no son nuevos para Dios. *Un Dios más grande que mis problemas* nos muestra cómo vencer nuestras pruebas con ayuda de las historias de mujeres de la antigüedad".

—**DiAnn Mills**, autora de *Deadlock* y *Deadly Encounter*

"Todas tenemos una historia que vale la pena contar, una historia que hace parte de la gran historia esperanzadora de Dios. Sin embargo, en el fondo nos preguntamos si Dios puede realmente usarnos. En estos diez estudios exhaustivos de mujeres de la Biblia, Debbie Wilson expone la manera como Dios obró en sus vidas... y cómo obra en la tuya. Sus reflexiones te capacitarán para enfrentar tus luchas, fijar tu mirada en los ojos de nuestro amoroso Jesús, encontrar esperanza y sanidad, y descubrir los recursos y la fuerza necesaria para contar tu historia".

—**Rich Miller**, director de Freedom in Christ Ministries-USA, autor y orador

"Debbie Wilson describe a cada mujer en este estudio en un tono realista y oportuno; los desafíos que cada una enfrentó SON relevantes para nosotras hoy. Con gran destreza, Debbie abre nuestros ojos a esta conexión. *Un Dios más grande que mis problemas* es un libro reconfortante y alentador que invita a la reflexión, a la vez que nos muestra que nada es demasiado grande para Dios. ¡Es un estudio bíblico que no querrás perderte! Yo en verdad no quería que terminara".

—**Lisa Grimes**, directora y CEO de PurThread Technologies, presidente de Lighthouse Ministries

"Con el poder imperecedero de la Palabra de Dios, Debbie Wilson trata con valentía los temas que doblegan a las mujeres modernas y las hacen sentir pequeñas. A partir de temas conocidos como la fertilidad y el perdón, Debbie nos guía delicadamente a seguir el ejemplo de las mujeres de las Escrituras que han luchado y han encontrado las soluciones sanadoras de Dios".

—**Amy Carroll**, escritora y oradora de Proverbs 31 Ministries, autora de *Breaking Up with Perfect*

"Debbie Wilson tiene el don de sacar a la luz la Palabra de Dios y su último libro, *Un Dios más grande que mis problemas*, no decepciona. Su sabiduría y su reflexión, sin duda, enriquecerán la vida de cualquier lectora. Muy recomendado".

—**Diane Rumley**, cofundadora de Support Military Spouses

"¡Qué estudio tan maravilloso sobre esta preciosa compañía de mujeres que tienen un GRAN DIOS! Cada semana te gozarás examinando una vida a partir del ejemplo de una mujer que experimentó verdaderamente a Dios en medio de las alegrías y los desafíos de la vida. Gracias, Debbie, por acercarnos a nuestro GRAN DIOS, que nos ama en nuestra pequeñez y vela por cada detalle de nuestra vida. ¡Que cada mujer resuelta a seguir este camino aprenda que nuestro Dios es un Padre creativo que tiene un plan y un propósito muy personal para cada una de sus hijas!".

—**Nancy W. Wilson**, embajadora global de Cru, escritora y oradora, directora de StoryWave

"Me encantan los estudios bíblicos de Debbie. Ella ofrece siempre una perspectiva renovada de la Escritura y me muestra una nueva faceta de la verdad. Cuando leo su material me siento capacitada para tomar decisiones más sabias y determinadas, y me siento más libre para ser la mujer que Dios quiere que yo sea. Ella es una combinación perfecta de gracia y de verdad, y *Un Dios más grande que mis problemas* no es la excepción".

—**Jane S. Wolfe**, fundadora y directora ejecutiva de Dew4Him Ministries, Inc.

Un DIOS
más GRANDE
que mis
problemas

*Dedico este libro a tres mujeres que han influido
en gran manera en mi vida. A Virginia B. Woeltjen,
mi madre, que me demostró amor incondicional.
A Diane W. Deans, mi hermana en la sangre, en espíritu
y en la fe, que ha caminado a mi lado y ha enriquecido mi
recorrido por la vida. A Ginny Wilson, mi hija, amiga y
animadora que llena cada instante de gozo y diversión.*

*A las mujeres que hacen este estudio: que cada una de ustedes
gocen del amor y de la gracia de nuestro gran Dios.*

Un DIOS más GRANDE que mis problemas

Un estudio de 10 semanas sobre las mujeres
en la genealogía de Jesús

Debbie W. Wilson

EDITORIAL
PORTAVOZ

La misión de *Editorial Portavoz* consiste en proporcionar productos de calidad —con integridad y excelencia—, desde una perspectiva bíblica y confiable, que animen a las personas a conocer y servir a Jesucristo.

UN DIOS MÁS GRANDE QUE MIS PROBLEMAS
Un estudio de 10 semanas sobre las mujeres en la genealogía de Jesús

Originally published in English under the title:
Little Women, Big God by Debbie W. Wilson
Copyright © 2016 by Debbie W. Wilson
Published by Leafwood Publishers
an imprint of Abilene Christian University Press
ACU Box 29138, Abilene, Texas 79699 USA
Published in association with The Blythe Daniel Agency, Inc.
PO Box 64197, Colorado Springs, Colorado 80962

International rights contracted through:
Gospel Literature International, P.O. Box 4060, Ontario, California 91761 USA
This translation published by arrangement with
Leafwood Publishers, an imprint of Abilene Christian University Press.

Spanish edition: © 2019 por Editorial Portavoz, filial de Kregel Inc., Grand Rapids, Michigan 49505. Todos los derechos reservados.

Traducción: Nohra Bernal

A menos que se indique lo contrario, todas las citas bíblicas han sido tomadas de la versión Reina-Valera © 1960 Sociedades Bíblicas en América Latina; © renovado 1988 Sociedades Bíblicas Unidas. Utilizado con permiso. Reina-Valera 1960™ es una marca registrada de American Bible Society, y puede ser usada solamente bajo licencia.

Las cursivas en los versículos bíblicos son énfasis de la autora.

EDITORIAL PORTAVOZ
2450 Oak Industrial Drive NE
Grand Rapids, Michigan 49505 USA
Visítenos en: www.portavoz.com

ISBN 978-0-8254-5901-6 (rústica)
ISBN 978-0-8254-6801-8 (Kindle)
ISBN 978-0-8254-7623-5 (epub)

1 2 3 4 5 edición / año 28 27 26 25 24 23 22 21 20 19

Impreso en los Estados Unidos de América
Printed in the United States of America

Contenido

Agradecimientos

En primer lugar, quiero agradecer a Larry, mi maravilloso esposo, por amarme incondicionalmente y darme un ejemplo tangible del amor de nuestro Salvador. Tú me animaste a desarrollar mis dones espirituales aun a expensas de las tareas domésticas. Debo agradecer también a mi hija, Ginny Wilson. Ella utilizó el estudio con sus amigas y me dio ánimo y retroalimentación. Tú eres mi animadora especial. A mi hijo, Brant Wilson, gracias por enriquecer mi vida cada día con tu profundidad y tu criterio artístico, y por llevarme a detenerme y a observar la belleza de los dones que ofrece la vida.

Un agradecimiento especial a Lisa Grimes y a Sandi Brown por su ánimo y su ayuda práctica. ¿Dónde estaría sin ustedes?

También estoy en deuda con las mujeres que llevaron a cabo el estudio conmigo, me ofrecieron su retroalimentación y me animaron a lo largo del proceso. Y, por supuesto, las oraciones de mis amigas y los grupos pequeños avivaron el proceso.

Estoy muy agradecida con mi representante, Blythe Daniel, y con el equipo de Leafwood Publishing. ¡En la multitud de consejeros está la victoria! (paráfrasis de Pr. 24:6).

Por encima de todo, mi gratitud más profunda es para nuestro Señor Jesús, el gran Dios que continuamente me lleva en sus brazos.

Introducción

El sorprendente árbol genealógico de Jesús

¿HAS PEDIDO EN ORACIÓN TENER UNA VIDA SIN VICISITUDES? Yo sí. Semáforos en verde, buena salud, computadoras que funcionan, todo eso y más. Me inclino por lo fácil.

No obstante, las películas y los libros sin obstáculos ni peligro no nos llaman la atención. ¿Acaso no resultan *aburridos* también los juegos simples y los concursos que no requieren esfuerzo? Las dificultades no solo le añaden interés al entretenimiento, sino que también nos ayudan a crecer.

A veces, cuando la vida es dura, yo lo tomo como un ataque personal. ¿Dios está decepcionado conmigo? ¿Me ha olvidado? Tal vez por eso las mujeres de la genealogía de Jesús hablan a mi vida. Ellas tuvieron vidas muy duras. Algunas enfrentaron circunstancias humanamente imposibles. A pesar de eso, eligieron acercarse a Dios en sus pruebas y experimentaron su fortaleza y consuelo asombrosos. Sus historias me llevaron a darme cuenta de que he elevado la oración equivocada. En lugar de pedir a Dios que haga mi vida fácil, debería pedir su gracia para ser fuerte. ¡Cómo cambiaría mi actitud ese pequeño detalle! Las palabras de Jesús: "¡anímense! Yo he vencido al mundo" (Jn. 16:33, NVI) fueron pronunciadas para las pruebas, no para los días cómodos.

¿Te desplomas cuando la vida se pone difícil? ¿El estrés te lleva a portarte mal? A mí me ha sucedido. Sin embargo, nuestros fracasos no invalidan la gracia de Dios. Las mujeres de nuestro estudio nos enseñan cómo experimentar su presencia, su poder y su paz en nuestras debilidades.

Mujeres reales, como nosotras

"¡Parecieras Abraham!". Esto fue lo que dije a un hombre que me habló acerca de la aventura que iba a emprender con una nueva carrera. Él vaciló y me aseguró que nunca se le ocurriría presumir estar en la misma categoría de un personaje bíblico.

Me pregunto si tú sentirías lo mismo. ¿Alguna vez has puesto a los personajes bíblicos en un pedestal tan elevado que no puedes identificarte con ellos? Si es así, creo que te asombrará y te alegrará conocer las mujeres del árbol genealógico de Jesús. Son mujeres como nosotras.

No se trata de un grupo élite de celebridades que gozaron la vida consentida de los ricos y famosos. Algunas fueron pobres y menesterosas; solo una vivió en un palacio. Tampoco son un grupo de beatas. Algunas tomaron malas decisiones y dudaron de las buenas intenciones de Dios. Algunas mujeres de la genealogía de Jesús son conocidas, como María la madre de Jesús. Otras, como Tamar, lo son menos. A medida que leas sus historias, identifícate con ellas como mujeres reales.

- ¿Cómo te hubieras sentido?
- ¿Cómo habrías reaccionado?

A partir de sus historias, aprenderás el valor que un Dios grande le imprime a una vida corriente. También verás cómo Dios te ha escogido para desempeñar un papel importante en su historia eterna.

Abre tu corazón, no solo tu libro

Este estudio de diez semanas está dividido en nueve semanas que tratan acerca de las mujeres de la genealogía de Jesús, y una semana dedicada a crear tu propia historia de fe. Cada semana está dividida en cinco lecciones de un día. Hay preguntas que te animarán a meditar en el pasaje y en su aplicación para tu propia vida. Permite que estas te guíen, y siente la libertad de formular tus propias preguntas. Toma las ideas que presento y que se acomodan a tu situación, y descarta las que no. Mi deseo es ayudarte a que te conviertas en hábil pensadora y oidora de nuestro gran Dios. ¡Él desea tener una relación cercana contigo!

Algunas preguntas son personales. Si realizas este estudio con un grupo, guía la comunicación conforme te resulte más cómodo. Sin embargo, recuerda que la edificación mutua se logra cuando nos sinceramos con otras personas. El día cinco incluye una recapitulación de las ideas de la semana.

Quiero recordar...

Al final de la lección de cada día, escribe cualquier declaración que te ayude a recordar lo que Dios te está enseñando. No te sientas presionada a escribir de manera sofisticada. Lo que escribes son revelaciones que te ha dado el Espíritu Santo. Pueden ser apartes de las Escrituras, ideas que has subrayado o aplicaciones prácticas.

Consejos

Aunque todas vivimos muy ocupadas, todas dedicamos tiempo a aquello que valoramos. Yo dedico tiempo a cepillar mis dientes, bañarme y comer. ¿Por qué? Porque conozco los beneficios personales y sociales de estos hábitos.

Dios nos creó y sabe lo que traerá el día antes de que este comience. Si Jesús necesitó pasar tiempo con su Padre celestial cada día, yo también lo necesito. Muchos llaman a este encuentro el tiempo a solas o el tiempo devocional personal. Cuando buscamos ese tiempo a solas, Dios nos brinda su completa atención. Él nos hablará por medio de su Palabra, la Biblia. ¿Qué podría ser más valioso que oír la voz de Dios cada día?

Planea tu tiempo a solas con Dios respondiendo las siguientes preguntas.

¿Cuándo? Marca en tu calendario la hora de tu encuentro con Dios durante las semanas siguientes. Reserva ese tiempo con el mismo cuidado que atiendes una cita médica. Cumple tus citas con Dios. Una mujer me contó: "Es asombroso cómo tengo tiempo para todo cuando programo mi tiempo a solas con Dios. Me siento mucho más tranquila".

¿Quieres tener la fortaleza que proviene de una fe inconmovible? "Así que la fe es por el oír, y el oír, por la palabra de Dios" (Ro. 10:17). Necesito la perspectiva de Dios cada día. Entre una y otra consulta, mis problemas parecen empeorar. Cuando renuevo mi mente, recuerdo cuán grande es Dios. Los problemas se encogen a su justa medida.

Si no has empezado esta disciplina diaria, haz este pequeño compromiso y organiza tu tiempo. Los beneficios son eternos.

¿Dónde? Selecciona un lugar especial donde puedas tener tu tiempo a solas con Dios. Si mantienes tus herramientas como la Biblia, el libro de trabajo, la pluma y todo lo necesario en el lugar donde estudias, vas a considerar ese lugar como el espacio donde te encuentras con el Señor, y tu corazón empezará a ansiar ese dichoso momento.

¿Cómo? Empieza por invitar al Creador del universo a que te hable hoy. Ejercita tus músculos de la fe y dale gracias por encontrarse contigo. Abre tu corazón y cree que Dios quiere hablarte por medio de su Palabra.

Algunas personas leen la Escritura con una actitud mental hostil. Jesús se define a sí mismo como manso y humilde. Él no habla con aspereza a sus hijos. Él comunica sus advertencias y correcciones con amor y con el ánimo de protegernos. Satanás manipuló la Escritura cuando tentó a Jesús. Él tergiversó la advertencia de Dios cuando habló a Eva. Aprende a separar la voz de Dios de las voces críticas que pueden jugar en tus pensamientos. Dios no va a enojarse contigo si faltas a tu cita especial con Él. Estas son nada más sugerencias para ayudarte a vivir fortalecida. Él goza al encontrarse con sus hijos y nosotras necesitamos ese tiempo a solas con Él. Espera la victoria.

La Biblia brinda principios eternos para la vida. Como verás en las vidas de las mujeres que vamos a estudiar, estos principios funcionan incluso en situaciones apremiantes. Si la calidad de vida se midiera por el tamaño de nuestros retos, las mujeres de la genealogía de Jesús habrían quedado excluidas. Ellas tenían poca fuerza, influencia y recursos terrenales para enfrentar a sus gigantes, pero tenían un Dios grande. Ellas demostraron que es el tamaño de Dios, y no el de nuestros problemas, lo que trae la victoria. ¿Qué tan grande es tu Dios? Abre hoy tu corazón a Él.

Permíteme presentarte a . . .

CON EL FIN DE PRESENTARTE A LAS MUJERES QUE ESTUDIAREMOS EN las semanas que siguen, me pareció que sería divertido encontrar la mujer que más concuerda con tu personalidad. Junto a cada característica, escribe el número que mejor te describe.

- 1 — Nunca
- 2 — A veces
- 3 — A menudo
- 4 — Siempre

Calcula tu puntaje bajo cada personaje. Aquella que puntúa más alto es tu alma gemela. ¡Que te diviertas!

Test de personalidad

Tamar

Asumo riesgos con prudencia. _____

Espero que cumplas tus promesas. _____

Me encantan los niños. _____

Soy paciente hasta cierto punto. _____

Soy organizada. _____

Tengo metas claras. _____

Puedo entender a otros. _____

Total _____

Rahab

Soy osada y valiente. _____

Soy decidida. _____

Soy una líder nata. _____

Soy mediadora. _____

Soy habilidosa. _____

Cuido de mi familia. _____

Soy original. _____

Total _____

Rut

Respeto la autoridad, pero defiendo mis convicciones. _____

Soy leal a quienes han sido buenos conmigo. _____

Soy más cercana a mi familia de la fe que a mi familia
de origen. _____

Soy compasiva. _____

No temo trabajar duro. _____

La gente dice que soy callada pero valiente. _____

Permanezco estable en los altibajos de la vida. _____

Total _____

Noemí

Soy franca. _____

Veo las cosas en blanco y negro. _____

Mis emociones influyen en mis pensamientos. _____

Soy expresiva. _____

Soy persuasiva. _____

Rompo las reglas que no tienen sentido. _____

Soy alguien a quien le gusta cuidar y promover a otros. _____

Total _____

Betsabé

Perdono fácilmente. _____

Soy sumisa. _____

No presto atención a los chismes. _____

Uso las experiencias de la vida para instruir a otros. _____

Puede que no me defienda, pero sí defiendo a otros. _____

Doy segundas oportunidades. _____

La gente dice que soy serena. _____

Total _____

María

Soy reflexiva. _____

Soy una adoradora. _____

Soy flexible. _____

Creo en Dios para lo que es imposible. _____

No me agito fácilmente. _____

Soy pacífica. _____

Soy estable. _____

Total _____

¿Estás lista para conocer a estas mujeres? ¡Muy bien! Empecemos con la historia de Tamar y veamos qué podemos aprender de su caminar con Dios.

Cuando necesitas gracia

Tamar significa "palmera".

Las pequeñas manos de Tamar temblaban mientras ponía el velo sobre su cabeza. Los hombres de su familia la habían usado para obtener lo que querían. Apretó su mandíbula. Ya no va a esperar más a que algún supuesto seguidor de Yahvé cumpla su palabra. Esta vez ella iba a obtener lo que quería.

LA HISTORIA DE TAMAR PARECE MÁS UN ARTÍCULO SENSACIONALISTA de los titulares de hoy que una historia bíblica. Por lo general, su drama no aparece en las lecciones de escuela dominical para niños.

La Biblia no disimula los pecados de sus personajes. El linaje mismo de Jesús evidencia la necesidad que tiene la humanidad de un Salvador. En muchos sentidos, Tamar nos representa a nosotras. Ella no podía salvarse a sí misma. Como veremos, Dios tuvo que intervenir para rescatarla de esposos malvados y redimirla de sus propias decisiones equivocadas. Tamar nos mostrará la gracia de Dios en acción.

Trasfondo familiar

Antes de concentrarnos en Tamar, veamos el contexto de su vida. Dios llamó a Abraham a que dejara a su familia y fuera a la tierra que Él le mostraría. Él prometió bendecir a Abraham y multiplicar su descendencia, y escogió a la familia de Abraham para que lo representara a Él ante el mundo. De hecho, Dios prometió bendecir al mundo entero por medio de la simiente de Abraham.

Jesús es la Simiente prometida que bendeciría al mundo. Él es el León de la tribu de Judá, el anhelado descendiente de Judá, bisnieto de Abraham.

Abraham e Isaac vivieron entre los cananeos y eran muy conscientes de los vergonzosos hábitos de esos pueblos. Rogaron a sus hijos que no se casaran con mujeres cananeas (Gn. 24:3, 37; 28:1). Más adelante, Dios prohibió el matrimonio con pueblos extranjeros para proteger a Israel de sus prácticas pecaminosas. Sin embargo, Judá se casó con una mujer cananea llamada Súa, y escogió a Tamar, otra cananea, como esposa para su hijo primogénito (Gn. 38:2, 6).

¿Qué expectativas crees que podría tener una novia de este contexto al casarse con el miembro de una familia con un ilustre linaje espiritual? Es indudable que Tamar abrigaba las esperanzas y los sueños de cualquier novia. Ella dejó su cultura que servía a dioses paganos para integrarse a una familia que se supone debía servir a Yahvé, el único Dios verdadero. Sin embargo, los esposos de Tamar no estuvieron a la altura de su solemne llamado. Esta familia, que había sido reservada para bendecir al mundo, la afligió en gran manera.

Un mal esposo es un lastre en cualquier cultura. No obstante, Tamar vivía en una sociedad en la cual las mujeres carecían casi por completo de poder. Sin posesiones ni medios acreditados para garantizar su propio sustento, las mujeres dependían de los miembros masculinos de su familia para tener techo y comida.

Día uno
Campanas de boda y sentencias de muerte

Toda novia quiere ser apreciada y sentirse segura. ¿Qué sucede cuando se siente atrapada y usada? ¿Alguna vez te has sentido desvalida, sola, insignificante, invisible o usada por aquellos que ocupan posiciones de poder? ¿Le importa a Dios cuando somos maltratadas o estamos atrapadas? ¿Rescata Él únicamente a los que son irreprochables?

Tamar nos mostrará que no existe una vida tan oscura, insignificante o sombría que la gracia de Dios no pueda alcanzar y rescatar. Renueva tu esperanza al ver el cuidado que prodigó Dios a Tamar.

Lectura bíblica ....
GÉNESIS 38

Estudio y reflexión

1. Sabemos que Dios le quitó la vida a Er por su maldad, pero quizá Tamar no haya sabido por qué murió él tan joven (Gn. 38:6-7). La Biblia no explica cuál fue su maldad. Recordar un momento en el cual te sentiste maltratada podría ayudarte a identificarte con lo que sintió Tamar.

   a. ¿Cómo crees que fue la experiencia de Tamar de estar casada con un mal hombre?

   b. ¿Crees que Tamar supo por qué murió él? ¿Qué clase de emociones crees que sintió Tamar tras la muerte de él?

2. ¿Cómo te sentirías si alguien que tiene tu mismo nombre o apellido (ya sea en la familia o en los negocios) tiene una mala reputación? ¿Te ha sucedido?

3. La ley del levirato (término que procede del latín que significa "hermano del esposo") también se menciona a lo largo del libro de Rut y en Mateo 22:24. Era una práctica común y más adelante se volvió parte de la ley mosaica. Esta costumbre suena desagradable a nuestros oídos modernos, pero cumplía un propósito práctico. Según lo que dice Deuteronomio 25:5-10, explica por qué una viuda sin hijos era entregada al hermano de su esposo fallecido.

4. ¿Por qué fueron las acciones de Onán desagradables a los ojos de Dios (Gn. 38:8-10)?

5. Algunos grupos religiosos han usado Génesis 38:8-10 para apoyar la idea de que Dios se opone al control de la natalidad. ¿Crees que *este pasaje* enseña que Dios se opone al control de la natalidad y que esa es la razón por la cual Dios mató a Onán? ¿Por qué sí o por qué no?

6. Judá y sus dos hijos agraviaron a Tamar. La costumbre de conservar a la viuda en la familia evitaba que el nombre de esa familia desapareciera y brindaba a la viuda sustento. En lugar de cumplir con su deber y dar a Tamar un hijo, Onán usó a

Tamar para su placer sexual y la privó de un heredero. Ponte en la situación de Tamar.

a. En su cultura, ¿podía Tamar salvarse por sí misma de estos terribles matrimonios? ¿Cómo?

b. ¿Cómo pudo afectarla esto?

7. ¿Cómo la rescató Dios de estos matrimonios y qué te dice esto acerca de cómo Dios se involucra en las penas secretas de nuestra vida?

8. ¿Qué esperanza te ofrece esto cuando te sientes atrapada o usada?

¿Has estado alguna vez desvalida para liberarte a ti misma de un mal matrimonio, de soledad, deudas, enfermedad, adicción, enojo, miedo, glotonería o mal humor? En esos momentos, ¿anhelaste recibir gracia? El desamparo es la condición ideal para ver obrar al Todopoderoso.

Quiero recordar...

Escribe unas frases de la lección de hoy que te ayuden a recordar lo que Dios te ha enseñado.

Día dos
Escándalo

"Dos males no hacen un bien". Las palabras de mamá me recuerdan que sentimos que podemos justificar acciones equivocadas si creemos ajustar las cuentas. El que ha sufrido abuso se convierte en abusador. Las personas heridas hieren a otros. Tamar siguió este patrón y pasó de ser víctima a vengadora. ¿Alguna vez has creado un lío que no pudiste arreglar? En situaciones como esa, necesitamos gracia.

Lectura bíblica ....
GÉNESIS 38:8-26

Estudio y reflexión

1. Después de la muerte de Onán, Judá le dijo a Tamar "quédate viuda en la casa de tu padre" (Gn. 38:11).

   a. ¿Qué idea tenía Judá de Tamar después de las muertes de sus hijos?

   b. ¿En qué sentido enviar lejos a Tamar era marginarla y rechazarla?

   c. ¿Qué desafíos pudo experimentar Tamar al regresar a vivir bajo el techo de su padre?

2. Judá vio a Tamar como el común denominador de las muertes de sus hijos.

    a. ¿Has sido culpada injustamente por algo porque el acusador quería protegerse a sí mismo o al verdadero responsable?

    b. ¿Has culpado a otros para protegerte a ti misma o a alguien más de acusaciones que son justas?

3. Ha pasado "mucho tiempo" desde la muerte de Onán. El hijo que Judá le había prometido a Tamar ha crecido. Judá ha terminado su período de duelo por su esposa que había muerto después de Onán. Aún así, Tamar todavía se viste como una viuda (Gn. 38:12, 14, 19). Las personas desesperadas toman medidas desesperadas. Cuando Tamar se dio cuenta de que Judá no planeaba casarla con su hijo más joven, se disfrazó como prostituta y se sentó junto a la puerta por donde Judá tenía que pasar. ¿De qué manera las acciones de Tamar revelan el carácter de su suegro (Gn. 38:12-23)?

4. ¿Cómo reaccionó Judá cuando se enteró de que su nuera estaba embarazada (Gn. 38:24)?

5. En los siguientes versículos, ¿cómo llama Cristo a quienes practican la doble moral? "Porque con el juicio con que juzgáis, seréis juzgados, y con la medida con que medís, os será medido. ¡Hipócrita! saca primero la viga de tu propio ojo, y entonces verás bien para sacar la paja del ojo de tu hermano" (Mt. 7:2, 5).

6. ¿Qué hizo Judá cuando reconoció su sello, su cordón y su báculo?

Dos males: Un caso que precisa gracia

Tanto Judá como Tamar se equivocaron en usar sexo ilícito para satisfacer sus necesidades. Judá añadió hipocresía a su pecado sexual.

Nuestra sociedad todavía practica la doble moral. Por ejemplo, a los negocios de pornografía se les llama "entretenimiento para adultos", como si llegar a cierta edad permitiera infringir las leyes morales de Dios. Nosotras también manifestamos hipocresía. ¿Alguna vez has gritado a tu hijo "no me levantes la voz"? Dios en su gracia nos ayuda a ver nuestros puntos ciegos.

Después que la culpa y la hipocresía de Judá quedaron desenmascarados delante del mundo, él confesó: "Más justa es ella que yo". Quedar en evidencia fue la gracia que él necesitó para arrepentirse. Su cambio se hace evidente más adelante en Génesis cuando ruega tomar el lugar de esclavo en lugar de su hermano Benjamín (Gn. 44:33). Reconocer la falta es el primer paso para el cambio que trae sanidad. Pide a Dios que te revele tu doble moral y libérate de tus puntos ciegos.

Quiero recordar...

Escribe unas frases de la lección de hoy que te ayuden a recordar lo que Dios te ha enseñado.

Día tres
Sexo: algo especial o estropeado

Una joven me llamó por teléfono, confundida. Su novio de mucho tiempo la estaba presionando para tener sexo. "Él dice que va a dejarme si me niego. ¿Está mal tener sexo con él? Planeamos casarnos un día".

¿Qué debería hacer esa joven? ¿Es su decisión importante? ¿Cómo sabemos lo que está bien? ¿Lo bueno y lo malo dependen de nuestra cultura y de nuestros valores familiares? Gracias a Dios que Él ha determinado principios eternos para guiarnos y protegernos. En el Nuevo Testamento, la inmoralidad sexual viene de la palabra griega *porneía*. Se define como adulterio, fornicación (relación sexual entre dos personas que no están casadas), homosexualidad, lesbianismo, sexo con animales y sexo con familiares.[1] En el Nuevo Testamento, la palabra griega *porneúo* también se traduce como inmoralidad sexual. Significa prostituir su propio cuerpo.[2]

Evitar la tentación sexual empieza antes de un encuentro. Empieza con convicciones morales que afectan nuestras motivaciones, nuestra forma de vestir y nuestras conversaciones. En 1 Timoteo 2:9 leemos: "que las mujeres se atavíen de ropa decorosa, con pudor y modestia". Tamar llevaba puesto un velo. Eso parece pudoroso, pero estaba vestida con prendas de prostituta del templo. Las prostitutas del templo usaban velos para crear la ilusión de que el acto sexual formaba parte de la adoración a una diosa. Así como se han empleado luces rojas para demarcar las zonas de prostitución, el velo de Tamar la identificaba como una prostituta del templo.

A fin de evitar enviar mensajes confusos, las seguidoras de Cristo no solo debemos vestirnos con modestia y pudor, sino que también debemos ser conscientes del uso debido de la interpretación de símbolos de nuestra cultura. Veamos por qué valora Dios la pureza sexual.

Estudio y lectura bíblica

1. Nuestra cultura hace parecer atractiva la inmoralidad sexual y considera anticuadas las normas morales. ¿Qué dice Dios y por qué?

   a. Huid de la fornicación. Cualquier otro pecado que el hombre cometa, está fuera del cuerpo; mas el que fornica, contra su propio cuerpo peca (1 Co. 6:18).

   b. Pero fornicación y toda inmundicia, o avaricia, ni aun se nombre entre vosotros, como conviene a santos... Porque sabéis esto, que ningún fornicario, o inmundo, o avaro, que es idólatra, tiene herencia en el reino de Cristo y de Dios. Nadie os engañe con palabras vanas, porque por estas cosas viene la ira de Dios sobre los hijos de desobediencia. No seáis, pues, partícipes con ellos. Porque en otro tiempo erais tinieblas, mas ahora sois luz en el Señor; andad como hijos de luz (Ef. 5:3, 5-8).

   c. Pues la voluntad de Dios es vuestra santificación; que os apartéis de fornicación; que cada uno de vosotros sepa tener su propia esposa en santidad y honor; no en pasión de concupiscencia, como los gentiles que no conocen a Dios; que ninguno agravie ni engañe en nada a su hermano; porque el Señor es vengador de todo esto, como ya os hemos dicho y testificado. Pues no nos ha llamado Dios a inmundicia, sino a santificación. Así que, el que desecha esto, no desecha a hombre, sino a Dios, que también nos dio su Espíritu Santo (1 Ts. 4:3-8).

2. Con base en los principios de Dios, ¿qué respuesta le darías a la joven de la introducción de hoy?

Sexo seguro

"¿Por qué Dios arruina mi vida entera? ¿Me equivoco una vez y tengo que pagar por el resto de mi vida?". ¿Cuántas veces culpamos a Dios cuando sufrimos las consecuencias de nuestras malas elecciones? Saltamos la baranda de protección que Dios ha puesto por nuestro bien y después lo acusamos de arruinar nuestra vida cuando sufrimos el golpe inevitable.

El matrimonio es la baranda de protección para el sexo, y el sexo es el don sagrado de Dios para el matrimonio. Dios quiere que las parejas casadas se deleiten en el sexo mutuamente (1 Co. 7:5). La intimidad sexual describe la unión santa que tiene Jesús con su novia, la iglesia. Tal vez por eso el mundo la ha atacado tanto y la ha utilizado tan mal.

La mujer que mencioné al comienzo de nuestra meditación de hoy rehusó tener sexo con su novio, y él acabó con la relación. Ella se integró a un grupo de estudio bíblico y se dio cuenta de que quería casarse con otro tipo de hombre, un hombre que la valorara en lugar de usarla para satisfacer sus propios deseos.

Si ella hubiera cedido a las exigencias de su novio, tal vez se habrían casado. Pero ella sabe que lo hubiera lamentado. Años después, cuando se casó con su esposo, agradeció a Dios el haberla salvado para luego casarse con un hombre piadoso que la amaba y la valoraba.

El egoísmo de Onán convirtió el lecho matrimonial en un lugar desdichado para Tamar. Sin embargo, la aflicción no es el único indicador de explotación sexual. Piensa en ambos miembros de una pareja que disfrutan el sexo fuera de su matrimonio. A pesar de que ninguno se sienta herido durante la relación, desde el punto de vista de Dios está mal. Nuestro enemigo sabe bien cuán destructivo puede ser esto. "El gobierno comunista polaco animaba incluso a los jóvenes a tener sexo prematrimonial, específicamente para llevarlos a separarse de la iglesia".[3] El sexo funciona como un pegamento misterioso en la pareja. Imagina lo que sucede cuando separas dos hojas de papel que han sido unidas con pegamento. Una o ambas se rasgarán. Las pautas divinas para mantener el sexo dentro de los límites del matrimonio protegen nuestros corazones para que no sean destrozados o sufran endurecimiento. Nos guardan de sufrir desengaños y remordimientos innecesarios.

La Palabra de Dios es la expresión de la *gracia* de Dios para aquellos que la reciben. La expresión de su gracia nos advierte acerca de los peligros a lo largo del recorrido por la vida, algo parecido a mi aplicación telefónica Waze que me comunica alertas acerca de problemas que pueden afectar la circulación por la ruta.

La sabiduría de Dios nos protege del remordimiento, de sufrimiento innecesario y de la presión de logros para recibir aceptación. La expresión de su gracia te enseña el respeto saludable por ti misma y protege el deleite del sexo en el vínculo matrimonial. Deja que la gracia de Dios te guarde de la falsa intimidad, del amor artificial y de la seguridad engañosa.

Estudio y reflexión

3. ¿Crees que Tamar quería tener sexo con su suegro? ¿Qué motivos podrían haber llevado a Tamar a hacer tal cosa?

4. Tamar aprovechó una oportunidad para obtener lo que quería. Sus motivos no son claros. ¿Quería un hijo, venganza, justicia o seguridad? Cualquiera haya sido su objetivo, ella no buscó a Dios ni puso en práctica la sabiduría divina. ¿De qué

maneras has sido tentada a satisfacer tus necesidades fuera de la voluntad de Dios?

5. En la actualidad, las mujeres soportan voluntariamente muchas molestias con la esperanza de concebir un hijo. A partir del siguiente versículo, ¿cómo sabemos cuáles de estas adversidades acepta Dios y cuáles no? "No os conforméis a este siglo, sino transformaos por medio de la renovación de vuestro entendimiento, para que comprobéis cuál sea la buena voluntad de Dios, agradable y perfecta" (Ro. 12:2).

¿La sabiduría de quién?

Estoy segura de que Tamar odiaba la idea de tener intimidad con Judá. Su esposo la había tratado como una prostituta. Ella debió pensar que podía soportar un encuentro humillante más.

La desesperación nos lleva a hacer cosas que van en contra de lo que Dios quiere para nosotras. A diferencia de la prostituta callejera que se acerca a sus clientes, Tamar dejó que Judá se acercara. Ella aprovechó la debilidad de él para sus fines personales.

Dios ya había librado a Tamar en dos ocasiones. ¿Sabía ella que Dios era quien la había rescatado? Me pregunto cuántas veces Dios ha intervenido a nuestro favor sin que nos demos cuenta.

Tamar se tomó la justicia por su mano. Si Judá no le daba a Sela, ella obtendría un hijo, seguridad o restitución de otra manera. No está mal querer hijos o justicia. El problema viene cuando, en lugar de presentar nuestros anhelos a Dios, nos apoyamos en nuestro propio entendimiento. La sabiduría de Dios está en armonía con su Palabra. Sus caminos no quebrantan sus principios morales.

Las clínicas de fertilidad han ayudado a muchas personas, pero algunos consejos que ofrecen abren una caja de Pandora llena de problemas, lo cual me recuerda los problemas que enfrentaron Abraham y Sara cuando trataron de seguir la costumbre aceptada por su cultura, pero que Dios no había indicado. Dicha costumbre consistía en usar a Agar, la criada de Sara, para satisfacer el anhelo que tenían de un hijo.

Cuando los amigos o los profesionales opinan, especialmente cuando prometen darnos lo que queremos, es probable que nos apresuremos a seguir su consejo. Me pregunto si la persona que le avisó a Tamar que Judá venía le ayudó a urdir su plan. Cuando un odontólogo dijo que si reemplazaba mi empaste con una corona nunca tendría que volver a intervenir mi diente, yo me emocioné. Ahora sé que las coronas no son permanentes y que acarrean otros problemas. En otras palabras, aun cuando lo moral no esté en juego, no temas hacer preguntas o dedicar el tiempo necesario para buscar a Dios. La sabiduría del momento, en lo que respecta a la moral o a la solución para satisfacer nuestros anhelos, no puede compararse con la sabiduría eterna.

Quiero recordar...

Escribe unas frases de la lección de hoy que te ayuden a recordar lo que Dios te ha enseñado.

Día cuatro

Tamar, una mirada en el espejo

¿Cómo reaccionaste a la historia de Tamar? ¿Sentiste compasión por ella? ¿O te sentiste escandalizada? ¿Qué piensas de Judá?

Algunas historias me dejan pensando y preguntándome por qué Dios las escribió. A primera vista, esta es una de aquellas historias. Sin embargo, ¿acaso la historia de Tamar difiere mucho de la nuestra?

Tal vez no te identifiques con Tamar. Permíteme delinear algunos paralelos.

Lectura bíblica ....

ROMANOS 5:8

Mas Dios muestra su amor para con nosotros, en que siendo aún pecadores, Cristo murió por nosotros.

ROMANOS 6:14

Porque el pecado no se enseñoreará de vosotros; pues no estáis bajo la ley, sino bajo la gracia.

ROMANOS 7:1-6

¹¿Acaso ignoráis, hermanos (pues hablo con los que conocen la ley), que la ley se enseñorea del hombre entre tanto que éste vive? ²Porque la mujer casada está sujeta por la ley al marido mientras éste vive; pero si el marido muere, ella queda libre de la ley del marido. ³Así que, si en vida del marido se uniere a otro varón, será llamada adúltera; pero si su marido muriere, es libre de esa ley, de tal manera que si se uniere a otro marido, no será adúltera.

⁴Así también vosotros, hermanos míos, habéis muerto a la ley mediante el cuerpo de Cristo, para que seáis de otro, del que resucitó de los muertos, a fin de que llevemos fruto para Dios. ⁵Porque mientras estábamos en la carne, las pasiones pecaminosas que eran por la ley obraban en nuestros miembros llevando fruto para muerte. ⁶Pero ahora estamos libres de la ley, por haber muerto para aquella en que estábamos sujetos, de modo que sirvamos bajo el régimen nuevo del Espíritu y no bajo el régimen viejo de la letra.

Estudio y reflexión

1. Dios le mostró misericordia a Tamar *antes* de que ella lo conociera. ¿Cómo nos mostró Dios su misericordia antes de que nosotras lo conociéramos (Ro. 5:8)?

2. Tamar no habría podido librarse sola de sus terribles matrimonios. Según Romanos 7:1-3, ¿por qué Dios tuvo que quitar la vida a sus esposos para liberarla (Gn. 38:7, 10)?

3. Nosotras nacimos casadas con nuestra naturaleza pecaminosa. ¿Cuál es el único camino a la libertad de la esclavitud del pecado y la condenación de la ley (Ro. 7:4-6)?

4. Según Romanos 7:4 y el versículo siguiente, ¿quién murió? "Con Cristo estoy juntamente crucificado, y ya no vivo yo, mas vive Cristo en mí; y lo que ahora vivo en la carne, lo vivo en la fe del Hijo de Dios, el cual me amó y se entregó a sí mismo por mí" (Gá. 2:20).

5. Según Romanos 7:5, ¿qué sucede a la persona que está sujeta al pecado?

6. Judá consideraba a Tamar como el problema. La sacó de su casa y le mandó permanecer viuda (Gn. 38:11). ¿De qué manera su experiencia ilustra la nuestra antes de que conociéramos a Cristo? Lee los siguientes versículos: "Por tanto, acordaos de que en otro tiempo vosotros, los gentiles en cuanto a la carne, erais llamados incircuncisión por la llamada circuncisión hecha con mano en la carne. En aquel tiempo estabais sin Cristo, alejados de la ciudadanía de Israel y ajenos

a los pactos de la promesa, sin esperanza y sin Dios en el mundo" (Ef. 2:11-12).

7. Cuando Judá se enteró de que Tamar estaba embarazada, quiso quemarla viva. Cuando él reconoció su cordón, su sello y su báculo, confesó: "Más justa es ella que yo, por cuanto no la he dado a Sela mi hijo". Dios desenmascaró las intenciones de Judá y otro pecado que cometió contra Tamar. Él no la había dado a Sela. Es fácil señalar las faltas de alguien y pasar por alto las propias. ¿Qué aprendes de los siguientes pasajes?

    a. "Por lo cual eres inexcusable, oh hombre, quienquiera que seas tú que juzgas; pues en lo que juzgas a otro, te condenas a ti mismo; porque tú que juzgas haces lo mismo" (Ro. 2:1).

    b. "Porque la palabra de Dios es viva y eficaz, y más cortante que toda espada de dos filos; y penetra hasta partir el alma y el espíritu, las coyunturas y los tuétanos, y discierne los pensamientos y las intenciones del corazón. Y no hay cosa creada que no sea manifiesta en su presencia; antes bien todas las cosas están desnudas y abiertas a los ojos de aquel a quien tenemos que dar cuenta" (He. 4:12-13).

8. La transformación de Judá empezó cuando reconoció su necesidad de ser limpio. ¿Por qué es saludable aceptar la corrección del Espíritu Santo en nuestra vida?

9. Ahora que hemos sido identificados con la muerte de Cristo, ya no estamos sujetos al pecado ni bajo la ley. ¿Cómo cambia esto la manera como vivimos y lo que producimos (Ro. 7:4, 6 y el versículo siguiente)? "Porque el pecado no se enseñoreará de vosotros; pues no estáis bajo la ley, sino bajo la gracia" (Ro. 6:14).

10. Al morir al pecado y a la ley quedamos libres para unirnos a nuestro nuevo esposo (Ro. 7:4). La iglesia es llamada la novia de Cristo. Conforme a los siguientes pasajes, ¿qué significa eso para ti?

a. "Porque tu marido es tu Hacedor; Jehová de los ejércitos es su nombre; y tu Redentor, el Santo de Israel; Dios de toda la tierra será llamado" (Is. 54:5).

b. "Maridos, amad a vuestras mujeres, así como Cristo amó a la iglesia, y se entregó a sí mismo por ella" (Ef. 5:25).

¿Qué estoy reflejando?

¿Qué es más difícil para ti: recibir la gracia o darla? Si somos de aquellas personas que consideran que han logrado y conquistado todo por sí mismas, puede que no apreciemos la gracia. Pero deberíamos. Los fariseos de los días de Jesús no valoraban la gracia. En cambio, quienes reconocen su condición perdida sin Cristo la abrazan con gozo.

Tamar no podía salvarse a sí misma de dos matrimonios desastrosos. Bajo la ley, la única salida era la muerte. Dios intervino y la rescató.

Tú y yo somos como Tamar. Estábamos casadas con hombres malos que nos usaron para satisfacer su propios deseos. Nuestros esposos eran nuestras viejas naturalezas. Nosotras éramos sus esclavas. Puesto que éramos una sola carne, no podíamos librarnos de ellas. Eran nuestro amo. Esta unión trajo sufrimiento, vergüenza y desgracia. Bajo la ley, solo la muerte podía liberarnos. Con el fin de disolver nuestra unión con el pecado, Jesús murió en nuestro lugar. Nuestra fe en Cristo nos identifica con su muerte, su sepultura y su resurrección. Ahora Dios nos ve como crucificados con Cristo. Hemos resucitado con Él y hemos recibido una nueva identidad que ya no está ligada al pecado. Ya no vivimos bajo la ley. Ahora vivimos bajo la gracia (Ro. 6:14). Hemos sido liberadas para abundar en nuestra nueva unión con Cristo (Ro. 7:1-6).

Tamar ya no tenía que acostarse con Onán para ser usada como una esclava sexual. Su muerte la había liberado. Nosotras ya no tenemos que participar de las pasiones degradantes del pecado. La muerte de Cristo nos ha liberado.

Tamar vivió como una mujer marginada, excluida de la vida en Dios. En cambio, Cristo nos hizo familia.

Los pecados de Judá y de Tamar quedaron en evidencia. Esto llevó a Judá a reconocer su impiedad. Cuando los motivos de nuestro corazón quedan expuestos bajo la luz de la Palabra de Dios, podemos confesar libremente: "Estoy destituida de la gloria de Dios".

Dios le dio a Tamar gemelos. Fares, el mayor, se convirtió en un hombre notable cuyo nombre fue una bendición (Rut 4:12). Dios convirtió a Tamar en una bendición para el mundo. La gracia de Dios también nos da un giro completo:

- De muerte a vida.
- De esterilidad a fructificación.
- De esclavitud a libertad.
- De desesperanza a gozo.

Cuando basamos nuestra aceptación en nuestros logros, presionamos a otros a que satisfagan nuestra medida. Nos condenamos a nosotras mismas o culpamos a otros cuando fallamos. Cuando aceptamos la gracia que Dios ha provisto, la extendemos a otros con gozo. La gracia nos permite renunciar a esforzarnos por obtener la aceptación que ya tenemos en Cristo.

¿Hay alguna Tamar en tu vida que necesita tu gracia? Quizá seas tú misma.

Quiero recordar...

Escribe unas frases de la lección de hoy que te ayuden a recordar lo que Dios te ha enseñado.

Día cinco

Gracia redentora

Onán usó sexualmente a Tamar. Tamar usó el sexo para atrapar a su suegro. Si Dios escogiera a las personas por lo buenas que son, Dios no habría escogido a Tamar ni a Judá para que jugaran un papel tan asombroso en su historia.

Las acciones viles de Tamar no aplastaron la gracia de Dios. La Escritura la recuerda como la madre del gran Fares y un antepasado de Jesús. Tal vez el rey David llamó a su hija Tamar inspirado en ella.

Isaías 62:4 me recuerda la gracia de Dios para con Tamar y con nosotras: "Nunca más te llamarán Desamparada… ni tu tierra se dirá más Desolada; sino que serás llamada Hefzi-bá [Mi deleite está en ella]… porque el amor de Jehová estará en ti". Sin importar cuánto echemos a perder algo, la gracia de Dios es aún más grande.

Lectura bíblica ....

RUT 4:12
Y sea tu casa como la casa de Fares, el que Tamar dio a luz a Judá, por la descendencia que de esa joven te dé Jehová.

RUT 4:18-22
Estas son las generaciones de Fares: Fares engendró a Hezrón, Hezrón engendró a Ram, y Ram engendró a Aminadab, Aminadab engendró

a Naasón, y Naasón engendró a Salmón, Salmón engendró a Booz, y Booz engendró a Obed, Obed engendró a Isaí, e Isaí engendró a David.

MATEO 1:1-3

Libro de la genealogía de Jesucristo, hijo de David, hijo de Abraham. Abraham engendró a Isaac, Isaac a Jacob, y Jacob a Judá y a sus hermanos. Judá engendró de Tamar a Fares y a Zara, Fares a Esrom, y Esrom a Aram.

Aplicación y reflexión

1. Tamar jugó el papel de prostituta con Judá. ¿Cuándo has achacado tu mal comportamiento a tus circunstancias atenuantes? Comenta lo que aprendes del siguiente pasaje: "Porque de dentro, del corazón de los hombres, salen los malos pensamientos, los adulterios, las fornicaciones, los homicidios, los hurtos, las avaricias, las maldades, el engaño, la lascivia, la envidia, la maledicencia, la soberbia, la insensatez. Todas estas maldades de dentro salen, y contaminan al hombre" (Mr. 7:21-23).

2. Según el siguiente pasaje, ¿cómo demostró Dios su gracia a Tamar y a nosotras?

Pero Dios, que es rico en misericordia, por su gran amor con que nos amó, aun estando nosotros muertos en pecados, nos dio vida juntamente con Cristo (por gracia sois salvos), y juntamente con él nos resucitó, y asimismo nos hizo sentar en los lugares celestiales con Cristo Jesús, para mostrar en los siglos venideros las abundantes riquezas de su gracia en su bondad para con nosotros en Cristo Jesús. Porque por gracia sois salvos por medio de la fe; y esto no de vosotros, pues es don de Dios; no por obras, para que nadie se gloríe (Ef. 2:4-9).

3. No sabemos si Judá se involucró en la crianza de sus gemelos. Teniendo en cuenta la manera como ella y su hijo Fares son recordados en el libro de Rut 4:18-22 (la lectura de hoy), ¿qué puede revelar esto acerca de esta mamá soltera?

4. ¿De qué maneras puedes identificarte con Tamar?

5. Recuerda una ocasión en la que Dios te manifestó su favor cuando era evidente que no lo merecías.

6. Tamar es la primera mujer que menciona Mateo en el árbol genealógico de Jesús. Sara, Rebeca y Lea también están en el linaje de Jesús, pero no se las menciona siquiera. Ahora que has estudiado acerca de Tamar, ¿por qué crees que el Espíritu Santo la incluyó?

7. ¿Qué pensamientos te inspira la historia de Tamar?

Cuando necesitas gracia... Lecciones de Tamar

¿Alguna vez te has preguntado cómo Dios pudo escoger canallas como Judá para que jugaran papeles decisivos en su historia? El Nuevo Testamento explica: "quien nos salvó y llamó con llamamiento santo, no conforme a nuestras obras, sino según el propósito suyo y la gracia que nos fue dada en Cristo Jesús antes de los tiempos de los siglos" (2 Ti. 1:9).

La gracia es desconcertante. A veces incluso nos parece injusta. Cuando entendemos la santidad de Dios y nuestro pecado, ya no nos acercamos a Dios por nuestros propios méritos. ¿Quién puede pasar un día, ni qué decir una vida entera, sin un pensamiento malo o una palabra imprudente (Mt. 5:21-22; 12:36; Stg. 2:10)? Entender nuestra necesidad de gracia nos lleva a gozarnos en la historia de Judá y Tamar.

La misericordia puede describirse como *no* recibir el castigo que merecemos. Gracia es recibir un pony cuando lo que merecemos es un "tiempo fuera". La gracia suprema de Dios se expresó en que Jesús tomó el infierno que yo merecía y Él me dio su cielo.

La gracia es una piedra de tropiezo para el que se cree justo según su propia justicia. No parece justo ofrecer el cielo a los pecadores. Sin embargo, Dios mira nuestro corazón, donde todos le hemos fallado y nos hemos alejado de su gloria.

La gracia de Dios determina mucho más que la vida venidera; abarca la totalidad de la vida. Irónicamente, se necesita gracia para reconocer en primer lugar que necesitamos a Dios. Todos necesitamos su favor de diferentes maneras. Tamar necesitó gracia para soportar sus matrimonios solitarios y gracia para redimir su fracaso moral. Quizá Dios usó esas necesidades para despertar en ella una sed por Él.

Al parecer, Tamar procedía de una familia que no conocía al Dios de Abraham. A pesar de que Judá era bisnieto de Abraham, él y sus hijos no parecían tener más compasión que los hombres impíos de la sociedad pagana de Tamar. ¿Cómo podría una mujer llegar a conocer al Dios verdadero bajo esas circunstancias?

La Biblia no nos dice cómo llegó Tamar a la fe, pero en 1 Samuel 2:30, el Señor dice: "yo honraré a los que me honran, y los que me desprecian serán tenidos en poco". El hecho de que la Escritura menciona repetidamente a Tamar en las genealogías, y que exalta a su hijo Fares como un ejemplo digno de seguir, me lleva a creer que su vida fue transformada. Puede que esto haya sucedido cuando los hebreos se mudaron a Egipto bajo el amparo de José.

Gracia para las que están atrapadas

Dios vio el dolor que Tamar sufrió en privado, al parecer incluso antes de que ella lo conociera. En dos ocasiones, Él la libró de esposos malvados. ¿Reconoció ella su divina intervención? ¿Había orado ella para pedir ayuda?

¿Qué agonía sufres en secreto? ¿Crees que el Señor lo ve y se interesa por ti? ¿Lo has invitado a participar de tu sufrimiento?

Gracia para los anhelos frustrados

El impulso de rehuir el dolor nos hace más susceptibles a considerar opciones que jamás hubiéramos contemplado bajo circunstancias más favorables. Después que la muerte prematura de su esposo Er, la maldad de Onán y la superstición de Judá habían truncado sus esperanzas, Tamar urdió un plan para obtener lo que quería, aquello que le pertenecía por derecho propio.

"La esperanza que se demora es tormento del corazón" (Pr. 13:12). ¿Alguna vez te has sentido atormentada de corazón por causa de deseos frustrados? Tamar anhelaba quitarse las vestiduras de viudez. Sus brazos anhelaban arrullar a un bebé. Además de elevar su estatus social y de ofrecerle seguridad en la vejez, un hijo le prometía a Tamar la compañía que le había sido negada en sus matrimonios.

Insistir en obtener lo que deseamos puede interponerse en el plan superior que tiene Dios para nosotras. Si pareciera que Él pasa por alto tu petición, confía en su sabiduría y en su amor. Esperar es a veces necesario para prepararnos para lo mejor que Él quiere darnos. Recuerda: "No quitará el bien a los que andan en integridad" (Sal. 84:11).

Cualquier cosa que deseemos más que a Dios es un ídolo. Renuncia por completo a tus ídolos delante de Él.

Tamar se equivocó en actuar como una prostituta, aunque haya sido una sola vez. Obtener el resultado esperado no justificó su método. Dios le extendió su gracia a pesar de su pecado. Él le dio no solo un bebé sino hijos gemelos.

Gracia en la soledad

Tamar experimentó la soledad en el matrimonio. Tal vez su anhelo más profundo era el de ser amada. Al final del relato de su historia todavía sigue sin esposo. Ninguno de sus esposos del pasado la amaron. Muchas mujeres en la actualidad creen que el matrimonio o casarse con otro hombre llenará su vacío. La iglesia está llamada a ser la novia de Cristo. *Iglesia* se refiere a quienes han sido llamados a salir del mundo para pertenecer a Cristo. Jesús te escogió para que seas su novia. Ya sea que estés casada o soltera, tú tienes el esposo perfecto en Jesús (ver Ef. 5:25-27, 29, 30). Él quiere cuidar de ti y amarte plenamente. Nosotras podemos ser tan cercanas de Él como elijamos serlo.

Poco después de casarme, un suceso me recordó cuánto necesitaba a mi esposo celestial. Había dejado a Larry en el aeropuerto y por un breve momento dejé mi auto estacionado junto a la acera para ayudarle con su equipaje. Regresé al terminal vacío y encontré a un agente de policía, junto a mi auto, que era el único estacionado allí, escribiendo una multa. Le dije que solo había acompañado a mi esposo hasta la puerta y había regresado. "Demasiado tarde —dijo—. Ya puse la fecha en la multa. Tengo que diligenciarla".

Además de quedar sin mi esposo durante dos semanas y de ganarme una multa por estacionamiento, yo acababa de mudarme a la ciudad de Oklahoma. Yo carezco del sentido de orientación y me desvié de la ruta de regreso al salir del aeropuerto. Larry apenas acababa de irse y yo ya estaba perdida. ¿Cómo podía encontrar mi camino de regreso a casa en este lugar desconocido? Me sentí muy frustrada. En ese momento, sentí que el Espíritu de Dios me refrescaba la memoria.

¿Qué hacías antes de casarte con Larry cuando te perdías?

Sí, dependía del Señor. ¿Por qué pensé que Él se había marchado cuando me casé? Sintonizarme con su presencia me tranquilizó. Logré llegar a casa segura.

Cuando era soltera dependía de Dios con frecuencia para pedir ayuda. Al casarme, de manera inconsciente había transferido mi dependencia a Larry. En solo dos meses había olvidado que Dios no me desampara (He. 13:5).

A los malvados Er y Onán no les importó Tamar. Los esposos terrenales, incluso los que son excelentes, pueden irse de viaje, caer enfermos o morir. Lo peor de lo que sea capaz un esposo terrenal no puede perjudicar lo mejor que tu esposo celestial quiere darte. Tamar nos recuerda que el favor inmerecido de Dios, no nuestro mérito ni nuestras maniobras, convierten situaciones horribles en bellas historias de redención. Ella también nos muestra que no tenemos que ocultar de Dios lo desagradable en nosotras. Como quien ama perfectamente, Jesús lo ve todo y aun así nos ama incondicionalmente. ¡Qué gran Dios!

Los comienzos desdichados pueden tener finales felices para las personas ordinarias que confían en un Dios extraordinario. ¿En qué desastre has caído o cuál has creado? ¿Vas a reconocer que no puedes arreglarlo? ¿Te volverás a Dios y confiarás a Él todo aquello que no puedes ver hoy?

Quiero recordar...

Escribe unas frases de la lección de hoy que te ayuden a recordar lo que Dios te ha enseñado.

Peticiones de oración

Anota aquí las peticiones de oración de tu grupo.

_____

_____

_____

_____

_____

_____

_____

Cuando anhelas una fe inconmovible

Rahab significa "amplia" o "ancha".

La fina silueta de Rahab llenaba la pequeña ventana desde la cual bebía algo bajo el cielo nocturno. Impresionada una vez más por el orden y la belleza que contemplaba en el firmamento, Rahab recordaba las historias del Dios de Israel. Un anhelo renovado inspiró una oración imposible al Dios hebreo: "Quiero conocerte".

DE RAMERA A HEROÍNA DE LA FE. RAHAB NOS INSPIRA. ¿CÓMO PUDO alguien que empezó la vida en el camino "ancho" de la destrucción ser reconocida tanto en el Antiguo como en el Nuevo Testamento por su fe?

La administración de una posada ponía a Rahab en la situación perfecta para oír relatos de viajeros acerca del Dios de Israel. Ella se quedó sin aliento la primera vez que oyó acerca de cómo el Dios hebreo había vencido al poderoso Faraón. Se inclinó para oír los rumores que en voz baja describían a un Dios que guiaba y protegía a su pueblo en su travesía por el desierto. "¡Dicen que aparece en el día como una nube y de noche como una columna de fuego!".

Las historias que hacían desfallecer a sus parientes, a ella la llenaban de esperanza. El Dios hebreo peleaba *por* su pueblo. Con diez plagas había derrotado a los muchos dioses egipcios y había liberado a su pueblo de la tiranía opresora de Faraón. Cuán diferente era de los dioses cananeos que exigían sacrificios humanos. Cuando se presentó la oportunidad mediante la visita de dos espías, ella estaba lista. Dio el salto al camino angosto de la vida.

A veces, quienes hemos tenido la bendición de conocer la Biblia nos sentimos tentados a medir nuestra fe por lo mucho que sabemos y no por lo que aplicamos de aquello que sabemos. Rahab tenía muy poco conocimiento personal del único Dios vivo, pero a riesgo de su propia vida puso en práctica lo poco que sabía. Dios recompensó su fe valiente con un lugar en la genealogía de su Hijo.

Sin embargo, Rahab no está exenta de controversia. Algunos han criticado sus métodos. ¿Se equivocó al mentir? ¿Habla de esto la Biblia? Creo que sí. Puede sorprenderte lo que descubrimos.

El contexto

Cientos de años antes de Rahab, Dios prometió dar la tierra de Canaán a Abraham y a su descendencia. Puesto que Dios es dueño de todo, a Él le corresponde asignar la tierra prometida.

Jacob, el nieto de Abraham, junto con sus hijos y sus familias, fueron a Egipto bajo el amparo de José durante una hambruna extrema. Los israelitas, como se les llamó más adelante, se quedaron en Egipto cuatrocientos años y se convirtieron en una nación poderosa. Su numerosa población intimidaba a Faraón, el gobernante egipcio. Este los sometió a esclavitud y los trató con crueldad.

Dios oyó el clamor de Israel y levantó a Moisés para librarlos de las crueles y poderosas garras de Faraón. El libro de Éxodo relata esta emocionante historia de liberación. Cuando llegó la hora de entrar en la tierra prometida, Moisés envió doce espías para explorar la zona. Diez espías regresaron aterrorizados por lo que vieron. Su temor, como un virus contagioso, se esparció por todo el campamento y estalló en una mortífera rebelión contra Dios y contra Moisés. Mañana hablaremos acerca de este infortunio.

Treinta y ocho años después de la rebelión de Israel contra Dios y de su fracaso en tomar la tierra, Dios levantó a Josué para liderar a los hebreos a entrar en la tierra prometida. Como en el pasado, la ciudad fortificada de Jericó se interponía en su camino. Nuestra historia empieza cuando Josué envía dos espías a Jericó.

Jericó era una malvada ciudad amorrea. Estaba amurallada y tenía guardias. Sus soldados estaban bien entrenados y armados. Los amorreos eran violentos y malvados, y Deuteronomio 20:17-18 los condenó por sus prácticas detestables con las cuales adoraban a sus dioses. Ellos "solían poner bebés vivos en jarrones y colocarlos dentro de los muros de la ciudad mientras los construían como sacrificio de los fundamentos".[1]

A diferencia de la prostitución religiosa que hacía parte del culto pagano a los dioses de la fertilidad, Rahab practicaba la prostitución comercial. Su casa, que estaba ubicada en el muro de la ciudad, tenía una ubicación estratégica para los viajeros que entraban en la ciudad. Deléitate en la historia verídica de una joven que lo arriesgó todo para buscar al único Dios vivo y verdadero, y la vida que solo Él puede dar.

Día uno

La fe responde a las oportunidades divinas

Lectura bíblica ....

JOSUÉ 2

MATEO 1:5
Salmón engendró de Rahab a Booz, Booz engendró de Rut a Obed, y Obed a Isaí.

Estudio y reflexión

1. Describe a Rahab. Incluye sus cualidades y su oficio.

2. Piensa en la clase de compañía que podría frecuentar Rahab, las rudas conversaciones y experiencias que debió soportar en su profesión. ¿Cómo te imaginas que era su vida?

3. ¿En qué crees que se diferenciaban los dos espías hebreos en comparación con los hombres a los que ella conocía?

4. ¿Qué conocimiento tenían Rahab y los habitantes de Jericó acerca del Dios de Israel (Jos. 2:9-11)?

5. ¿Por qué era única Rahab en su respuesta frente a este conocimiento?

6. ¿Por qué es elogiada Rahab en Hebreos 11? "Por la fe cayeron los muros de Jericó después de rodearlos siete días. Por la fe Rahab la ramera no pereció juntamente con los desobedientes, habiendo recibido a los espías en paz" (He. 11:30-31).

7. La Biblia llama a los habitantes de Jericó *desobedientes*. Esto implica que, al igual que Rahab, ellos tuvieron la oportunidad de responder a Dios. A partir de los siguientes versículos, que fueron dirigidos a Israel en tiempos de rebelión, ¿qué aprendes acerca de Dios? "Ahora, pues, por cuanto vosotros habéis hecho todas estas obras, dice Jehová, y aunque os hablé desde temprano y sin cesar, no oísteis, y os llamé, y no respondisteis… Mas esto les mandé, diciendo: Escuchad mi voz, y seré a vosotros por Dios, y vosotros me seréis por pueblo; y andad en todo camino que os mande, para que os vaya bien. Y no oyeron ni inclinaron su oído; antes caminaron en sus propios consejos, en la dureza de su corazón malvado, y fueron hacia atrás y no hacia adelante" (Jer. 7:13, 23-24).

8. ¿Qué acciones tuvieron que emprender Rahab y su familia para salvarse de la destrucción (ver Jos. 2:17-20; 6:17, 25)?

9. Comenta las ideas que te inspiró la lectura de hoy.

La respuesta de Rahab

Jesús dijo "No me elegisteis vosotros a mí, sino que yo os elegí a vosotros" (Jn. 15:16). Jesús llama y la fe responde. La Palabra de Dios es su invitación a que lo conozcamos mejor. Cuanto mejor lo conocemos, más pronto reconocemos su voz en nuestra vida diaria.

Rahab no tenía la ventaja de conocer la Biblia. Imagínate estar en su posada el día en el que los dos espías llegaron. A pesar de que ella no los conocía, reconoció la invitación de Dios y arriesgó su vida para salvar a estos hombres. ¿Los interrogó? ¿Reconoció en estos hombres algo del carácter de Dios que los diferenciaba de los hombres a los que conocía? Era imposible que Rahab hubiera propiciado la oportunidad para ese encuentro. Sin embargo, de algún modo ella reconoció que la oportunidad venía de Dios y actuó.

Dios sabía lo que Rahab necesitaba para confiar en Él. Dios también nos prepara para su llamado. Cuando Él toca a la puerta, su Espíritu nos impulsa a recibirlo en nuestro corazón (Ap. 3:20). Por desdicha, los demás habitantes de Jericó cerraron sus oídos a su llamado. Dios los llamó desobedientes porque tercamente resistieron su revelación y su invitación a la fe.

El principio de responder a la iniciativa de Dios se aplica a la vida diaria, no solo a la salvación o a las aventuras como la que vivió Rahab. Dios toma la iniciativa y nosotras le seguimos. Me tomó mucho tiempo entender esto. Pensé que yo tenía que inventar oportunidades para servir a Dios en lugar de escuchar su obra en mi corazón y responder a las oportunidades que Él había preparado de antemano.

Yo formaba parte del equipo de una organización cuyo fundador, el doctor Bill Bright, tenía el don de evangelista. Él compartía el evangelio con cada persona que se cruzaba en su camino. Él consideraba un fugaz encuentro en un ascensor una cita divina para comunicar el evangelio. Yo pensé que si yo tuviera una fe mejor, mi vida sería como la del doctor Bright. Sin embargo, a mí no se me ocurría hablar de nada en un encuentro casual con alguien. O cuando entraba en una tienda, mi mente se centraba en lo que tenía que comprar para la cena y no en el destino eterno del encargado de la tienda.

Cansada de sentirme condenada por no poder cumplir mis expectativas de cómo testificar del evangelio, le dije al Señor: "Si tú pones la idea en mi mente, yo la diré. Pero si no se me ocurre qué pensar, confiaré en que tú no querías que yo compartiera el evangelio en ese momento". Esto dije de camino a la peluquería. Quise hablar acerca de Cristo con mi peluquera, pero el ambiente mundano en el salón no había facilitado las cosas. Ese día el Señor abrió una puerta y yo entré por ella. La preocupación de mi estilista por su hijo enfermo planteó una conversación oportuna que fue bien recibida.

He aprendido que la fe no consiste en saltar de manera atrevida de nuestra zona de comodidad para sentir la emoción o impresionar a alguien. La fe es someterse al liderazgo de Dios. Es orar para tener ojos para ver su obra y obedecer su iniciativa. Esto glorifica a Dios y es mucho más agradable que estar motivado por la culpa o las reglas religiosas.

Rahab nos recuerda que la fe no se mide por el conocimiento bíblico ni por las experiencias espirituales. A Dios no le impresionan los pedigrís ni los rangos sociales. Él se deleitó en que una prostituta pagana confiara en Él lo suficiente para actuar cuando encontró a sus representantes personales, los dos espías. La fe de Rahab empezó cuando escuchó las historias acerca de Dios. Y creció conforme ella respondió a Dios. Nuestra fe también crecerá igualmente.

Quiero recordar...

Escribe unas frases de la lección de hoy que te ayuden a recordar lo que Dios te ha enseñado.

Día dos

¿Fe en qué?

"Oyendo esto, ha desmayado nuestro corazón; ni ha quedado más aliento en hombre alguno por causa de vosotros, porque Jehová vuestro Dios es Dios arriba en los cielos y abajo en la tierra".

—Rahab, Josué 2:11

Rahab oyó acerca de cómo Dios había aplastado al poderoso Faraón para liberar a los hebreos. Su corazón, al igual que el de los demás habitantes de la ciudad, había desfallecido cuando, cuarenta años después, Israel llegó a las puertas de Jericó. No obstante, su corazón temeroso pronto se llenó de fe.

Mientras que Rahab solo había oído las historias, Israel vivió cada una de ellas. Habían temblado entre el Mar Rojo y el polvo que levantaban los carros de Faraón. Habían sentido el soplo del viento de Dios entre sus túnicas y habían probado el aire salado. Habían caminado lentamente sobre el suelo marino. Habían visto cómo los carros de Faraón que los perseguían se hundieron cuando se cerró el mar. ¿Quién hubiera creído que en tan solo dos años la fe de quienes vivieron este milagro sería devorada por el temor?

Proverbios 29:25 dice: "El temor del hombre pondrá lazo; mas el que confía en Jehová será exaltado". Dios había entregado a Israel la tierra prometida. Moisés envió a los doce espías a explorar el regalo de Dios, no a poner en tela de juicio la sabiduría de Dios (Nm. 13:2). Después de haber demostrado su poder a través de las diez plagas en Egipto y la separación del Mar Rojo, podría pensarse que Israel confiaría en Él. Sin embargo, como nos sucede con frecuencia, ellos confiaron más en su vista que en Dios. Su miedo de las ciudades fortificadas se convirtió en rebeldía y los condenó a cuarenta años de deambular en el desierto. La falta de fe les robó a ellos y a sus familias cuatro décadas de bendiciones.

Ahora, cuarenta años después, el miedo también movía a los habitantes de Jericó. Sus corazones desmayaron de terror cuando oyeron las historias de cómo Dios liberó a su pueblo (Jos. 2:11). Mientras que el corazón conmovido de Rahab cedía en fe, los corazones desmayados de sus compatriotas se endurecían en desobediencia. "Por la fe Rahab la ramera no pereció juntamente con los desobedientes, habiendo recibido a los espías en paz" (He. 11:31). La palabra que se traduce *desobediente* da a entender que ellos rehusaron creer.[2]

Dos ejemplos, uno de los hijos de Dios y otro de sus enemigos, demuestran cómo inclinarse ante el miedo en lugar de inclinarse delante de Dios acarrea desobediencia y pérdida. Por el contrario, la fe de Rahab resplandece frente a las dudas desalentadoras que prevalecían en su entorno. Hoy rememoraremos lo que sucedió treinta y ocho años antes cuando los espías hebreos entraron por primera vez a la tierra prometida, y analizaremos el peligro de depositar nuestra fe en el objeto equivocado.

Lectura bíblica ....

NÚMEROS 13:25–14:12

Estudio y reflexión

1. Los doce espías coincidieron en que en la tierra prometida fluía leche y miel, pero sus temores nublaron lo bueno que vieron. Solo Josué y Caleb creyeron que Dios les daría el éxito.

   a. ¿En qué se enfocaron los diez espías que dudaron (Nm. 13:28-29, 31-33, 14:1-4)?

   b. ¿Qué pasaron por alto (Nm. 14:11)?

   c. ¿En qué se enfocaron Josué y Caleb (Nm. 13:27, 30, 14:6-9)?

2. Después de experimentar milagros extraordinarios, Israel tenía muy poca confianza en Dios. Rahab tenía una gran fe, a pesar de su limitado conocimiento y de su falta de experiencia.

   a. ¿Con cuál fe te identificas más, con la de Rahab o con la de Israel? ¿Por qué?

b. ¿Qué lección aprendes de esta realidad?

3. Compara la visión que tenía Jericó de Israel en Josué 2:9-11 con la visión que tenían de sí mismos los diez espías treinta y ocho años antes en Números 13:33b. ¿Qué advertencia observas en este paralelo?

4. Israel pudo haber dicho: "Puesto que Dios nos salvó del poderoso Faraón, ¡confiaremos en que Él cumplirá su promesa de darnos la tierra!". ¿Qué ha hecho Dios por ti que puedes rememorar cuando eres tentada a creer en tu temor en vez de confiar en Él? Completa las siguientes frases:

a. Puesto que Dios ha hecho esto:

b. Confiaré en Él para esto:

5. Los diez espías temían lo que podían hacerles sus enemigos. ¿Qué miedo te atormenta?

6. ¿Cómo impedimos que el miedo perjudique nuestra fe y nuestro destino?

7. Santiago habla de dos tipos de fe. ¿Cuál es la diferencia entre la fe demoniaca que tiembla y la fe de Rahab que resiste? Lee los siguientes versículos:

   a. "Pero alguno dirá: Tú tienes fe, y yo tengo obras. Muéstrame tu fe sin tus obras, y yo te mostraré mi fe por mis obras. Tú crees que Dios es uno; bien haces. También los demonios creen, y tiemblan. ¿Mas quieres saber, hombre vano, que la fe sin obras es muerta?" (Stg. 2:18-20).

   b. "Vosotros veis, pues, que el hombre es justificado por las obras, y no solamente por la fe. Asimismo también Rahab la ramera, ¿no fue justificada por obras, cuando recibió a los mensajeros y los envió por otro camino? Porque como el cuerpo sin espíritu está muerto, así también la fe sin obras está muerta" (Stg. 2:24-26).

8. Rahab tuvo una oportunidad inesperada de demostrar la fe salvadora en Dios y de ser librada de la destrucción en esta vida y en la venidera. En términos estadísticos, existe el cien por cien de probabilidad de que muramos. A partir de los siguientes versículos, ¿qué acciones debemos emprender para preservar nuestra vida por la eternidad?

   a. "Porque de tal manera amó Dios al mundo, que ha dado a su Hijo unigénito, para que todo aquel que en él cree, no se pierda, mas tenga vida eterna. Porque no envió Dios a su Hijo al mundo para condenar al mundo, sino para que el mundo sea salvo por él. El que en él cree, no es condenado; pero el que no cree, ya ha sido condenado, porque no ha creído en el nombre del unigénito Hijo de Dios" (Jn. 3:16-18).

b. "El que cree en el Hijo tiene vida eterna; pero el que rehúsa creer en el Hijo no verá la vida, sino que la ira de Dios está sobre él" (Jn. 3:36).

9. ¿Has aceptado la liberación del pecado que ofrece Dios por medio de Jesús?

¿Cuál es el objeto de tu fe?

Durante un año, nuestra familia vivió junto a un pequeño lago al norte de Indiana, justo debajo de la zona de nieve. Quedé boquiabierta la primera vez que vi camiones pesados atravesar el agua congelada. Cuando nos mudamos a Raleigh, mi hijo de seis años se acordó de los camiones sobre el lago. Con eso en mente, trató de atravesar un estanque de Carolina del Norte después de unos días de clima helado. Por fortuna, solo se cayó en aguas poco profundas. Tener una gran fe no es suficiente para sostener a un niño sobre una capa delgada de hielo.

La fe es tan confiable como lo es su objeto. El grosor del hielo, no la fe del conductor, fue lo que sostuvo el camión en Indiana. La fe de Rahab funcionó porque creyó en un Dios grande, no por el tamaño de su fe, ni por la profundidad de su conocimiento o la amplitud de su experiencia.

¿Alguna vez has pensado que *solo cuando tengas más conoci-*

miento y experiencia espiritual vas a vivir con valentía tu fe? Treinta y ocho años antes de que Rahab conociera a los dos espías, diez espías hebreos creyeron lo que vieron sus ojos en lugar de creer en las promesas de Dios. Estos hombres habían sido testigos presenciales de las diez plagas de Egipto y de la separación del Mar Rojo. Los diez espías creyeron que su enemigo los veía como langostas que podían aplastar. Sin embargo, cuando Jericó veía a Israel, no los veía como langostas. ¡Temblaban delante de su poderoso Dios!

Los sentidos físicos no son indicadores confiables de las realidades espirituales. No podemos ver el poder de Dios ni planear con nuestros ojos humanos. Dios y su Palabra son objetos de fe inconmovible. Quienes confían en Él no serán decepcionados. Estos hombres calcularon sus posibilidades de triunfar comparándose con sus enemigos. Debieron calcular el tamaño de sus enemigos comparados con su Dios. Su falta de fe perjudicó a sus seres queridos a quienes procuraban proteger. Dios cerró la tierra prometida a esa generación rebelde. Más conocimiento, más experiencias y más tiempo no hacen crecer una fe pasiva.

Hay muchas distracciones que nos desvían de la fe sencilla. Empezamos nuestra jornada confiando en que Dios nos guíe. En algún punto del camino descubrimos que hemos caído en la trampa de confiar en *nuestra habilidad* para escuchar. Confiamos en la promesa de Dios de proveer, pero las circunstancias nos sacuden y empezamos a confiar en *nuestra capacidad* para producir. A pesar de nuestro mejor esfuerzo, nuestros sentimientos vacilan, los malos pensamientos atacan y nuestros cinco sentidos redefinen las realidades espirituales. Pablo escribió: "yo sé *a quién* he creído", no *a qué* (2 Ti. 1:12). Solo Jesús es el mismo "ayer, y hoy, y por los siglos" (He. 13:8). Solo Él es el objeto inconmovible de fe.

Quiero recordar...

Escribe unas frases de la lección de hoy que te ayuden a recordar lo que Dios te ha enseñado.

Día tres

La fe sacudida revela nuestro fundamento

La casa de Rahab en el muro de la ciudad habría gozado de una ubicación estratégica para una posada. Ofrecía una vista panorámica de los soldados israelitas marchando alrededor de la ciudad. ¿Se erizó su piel cuando los sacerdotes soplaron sus trompetas de cuernos de carnero? ¿Se preguntaría si aquel sería el primer día de su nueva vida con el pueblo de Dios? ¿Qué pensaría cuando se fueron? La mañana siguiente, los ejércitos israelitas regresaron temprano. Dos, tres... seis días de la misma rutina: los sacerdotes y los soldados venían, daban una vuelta a la ciudad y se iban.

El séptimo día empezó como el sexto, pero esta vez siguieron rodeando a Jericó. La tensión aumentó con cada vuelta. La séptima vez, se oyó el toque prolongado de los cuernos de carnero y un potente grito le revolvió el estómago. Su casa se sacudió, el polvo penetró sus ojos y nariz. ¡Los grandes muros de Jericó se derrumbaban!

Lectura bíblica ....

JOSUÉ 6

Estudio y reflexión

1. Imagina cómo pudo ser estar en la casa de Rahab cuando los muros empezaron a sacudirse. ¿Por qué necesitarías fe para permanecer allí mientras los muros de la ciudad se desplomaban a tu alrededor?

2. ¿Crees que la familia de Rahab la acompañó solo por tratarse de ella o porque confiaban en el Dios de Israel?

Apártate de las dudas

Rahab me recuerda a otra mujer con un pasado sexual empañado. Jesús la impresionó en gran manera en el pozo con su conocimiento exacto de su historia personal de relaciones amorosas. Toda la ciudad donde vivía quiso saber más acerca de Jesús a raíz de lo que ella les contó sobre Él. Después de encontrar ellos mismos a Jesús, los habitantes dijeron: "Ya no creemos solamente por tu dicho, porque nosotros mismos hemos oído, y sabemos que verdaderamente éste es el Salvador del mundo" (Jn. 4:42). La familia de Rahab le creyó lo suficiente para reunirse en su casa. Sin embargo, después que los muros de la ciudad cayeron a su alrededor y que solo la casa de Rahab quedó intacta en medio de tantos escombros, estoy segura de que la fe de ellos en Rahab se transfirió al Dios de ella. Comunicar nuestra experiencia con Cristo ayuda a que nuestros seres queridos confíen en Él cuando todo a nuestro alrededor se sacude.

Estudio y reflexión

3.　Dios salvó a toda la familia de Rahab que se juntó en su casa (Jos. 6:17, 23).

　　a. ¿De qué manera podría Dios usar o ha usado tu fe para rescatar a familiares o amigos? O ¿de qué manera la fe de un pariente ha fortalecido tu fe?

　　b. Pide a Dios que se revele a aquellos que oyeron tu historia de fe. El último capítulo de este libro te preparará para contar a otros tu historia personal de manera eficaz.

4. ¿Condena Dios a alguien que a pesar de practicar la fe bíblica todavía se siente temeroso? ¿Por qué sí o por qué no?

5. ¿Qué opinas acerca de la fe de aquellos que se sienten confiados en su conocimiento bíblico pero no practican la fe que profesan? "Porque no son los oidores de la ley los justos ante Dios, sino los hacedores de la ley serán justificados" (Ro. 2:13).

6. ¿En qué aspectos te resulta difícil practicar lo que sabes? Escribe una oración para pedir a Dios que te ayude a confiar y a obedecer.

7. Rahab tenía que atar un cordón rojo en su ventana; en caso contrario, los espías quedarían exentos de cumplir su juramento (Jos. 2:18). ¿En qué otra historia bíblica se salvaron vidas gracias a una marca roja puesta en el exterior de la casa? (ver Éx. 12:5-7, 12-14).

8. Relaciona el cordón rojo con el fundamento de nuestra salvación. Examina los siguientes versículos:

   a. "Y casi todo es purificado, según la ley, con sangre; y sin derramamiento de sangre no se hace remisión" (He. 9:22).

b. "Sabiendo que fuisteis rescatados de vuestra vana manera de vivir, la cual recibisteis de vuestros padres, no con cosas corruptibles, como oro o plata, sino con la sangre preciosa de Cristo, como de un cordero sin mancha y sin contaminación" (1 P. 1:18-19).

9. Rahab se despidió de su casa, de sus amigos y de su cultura para seguir a Dios. La historia nos cuenta que si bien ella perdió esto cuando cayó Jericó, su fe le ayudó a reconocer el valor de asumir ese riesgo mientras vivía en su ciudad fortificada. ¿Qué "muros" te han provisto un falso sentido de seguridad?

10. ¿Qué te ha pedido Jesús que dejes (o qué has dejado) para seguirle?

Un corazón plantado en la Roca

Cuando Jesús enseñó acerca del perdón, sus discípulos dijeron: "Auméntanos la fe" (Lc. 17:5). Jesús les dijo que solo necesitaban fe del tamaño de una semilla de mostaza. En otras palabras, no uses una fe pequeña como excusa para desobedecer.

Cuando los muros empezaron a derrumbarse, fueron las acciones de Rahab, y no su instinto, lo que reveló su fe. No importó que sus emociones le gritaran "corre por tu vida" ni que se asombrara diciendo "soy parte de un milagro". Ella y quienes tuvieron fe para permanecer en su casa, tanto los que tenían miedo como los que estaban confiados, se salvaron. La fe bíblica no es lo mismo que sentirse confiado. La fe permanece firme en Dios ya sea que los sentimientos caprichosos cooperen o no. La valentía, al igual que la fe, no es la ausencia de miedo. Se necesita más valor para actuar cuando se tiene miedo. De igual modo, la fe se necesita sin importar que nos sintamos desesperanzadas u optimistas. Aunque es normal que el rechazo, el trauma y las traiciones pasadas generen pensamientos y sentimientos negativos, no tenemos que obedecerlos. El estruendo de la caída de los muros de Jericó fue el sonido de la victoria de Dios a favor de su pueblo y de Rahab. Sin embargo, Rahab, acurrucada en su casa que se estremecía, debió *sentir* como si fuera su fin.

¿Anhelas el día en que ya no te sientas temerosa o insegura? ¿Será posible que esas luchas sean oportunidades para ejercitar tus músculos de la fe? La fe agrada a Dios (He. 11:6). Él permite situaciones que prueban nuestra fe, a fin de que lo conozcamos mejor. Al igual que sucede con los músculos del cuerpo, cuanto más ejercitamos nuestra fe, más se fortalece.

Una mujer cristiana que caminó fielmente con el Señor a lo largo de toda su vida adulta, de repente enfrentó nuevos temores y desafíos cuando falleció su amado esposo con quien estuvo casada durante medio siglo. Sus temores se levantaron con la puesta del sol. Ella entonó himnos para recordar el carácter de Dios y para enfrentar su temor de pasar la noche sola. Aunque se fortaleció, el hecho de que esos temores surgieran la sorprendió y la agobió. Al final logró considerarlos como oportunidades para experimentar el consuelo y la presencia de Dios.

Muchas lecciones acerca de las cuales he escrito aquí fueron también para mí un desafío más adelante. Yo también tuve que volver a enfocarme en Jesús y dejar de guiarme por las circunstancias que minaban mi fe. Las luchas producen crecimiento cuando nos acercamos a Dios y resistimos los tenebrosos enemigos de duda, miedo o pasividad. Nuestros enemigos se ocultan detrás de fortalezas como los grandes muros que protegieron Jericó durante años.

Para liberarnos de su influencia, es preciso que Dios derribe estas fortalezas a las que estamos acostumbradas.

Randy Alcorn escribió: "La fe que no puede ser sacudida es la fe que ha sido sacudida".[3] Después que nuestra fe ha sido sacudida y que todo lo demás se ha desplomado, quedamos de pie en Jesús, la Roca de nuestra salvación. Un corazón que tiembla estando sobre la Roca firme es más segura que una peña de autoconfianza que descansa sobre arenas movedizas.

Quiero recordar...

Escribe unas frases de la lección de hoy que te ayuden a recordar lo que Dios te ha enseñado.

Día cuatro

La fe es nuestro compás

Larry y yo llegamos a Polonia durante el primer aniversario de una manifestación sangrienta. Los agentes del gobierno habían usado rifles AK-47 para abrir fuego sobre los manifestantes pacíficos. La policía había golpeado y asesinado de manera despiadada a muchas personas. Soldados con ametralladoras rodeaban las calles que recorrimos durante nuestra primera noche en Varsovia. Cientos de ciudadanos llevaban velas encendidas como una demostración de solidaridad. El silencio era ensordecedor.

Durante el mes que pasamos en ese país comunista, enfrenté conflictos que nunca habría experimentado en los Estados Unidos. Fuimos como misioneros, pero nos habíamos declarado como turistas. Una pareja de nuestro equipo ya había sido expulsada de otro país comunista por introducir Biblias clandestinamente. Tuvieron que salir del país dejando su auto y sus pertenencias.

Procuramos espaciar nuestras visitas a las casas para evitar llamar la atención. En nuestro último día, la milicia popular capturó a uno de los jóvenes polacos cristianos. Ellos sabían todo lo que él había hecho con nuestro grupo durante las semanas anteriores. Lo maltrataron y lo enviaron de regreso con una firme advertencia. Hay leyes adversas que obligan a los cristianos a caminar con Dios en situaciones incómodas y peligrosas. En circunstancias ideales, los hijos de Dios no necesitan camuflaje. Por desdicha, hay ocasiones y lugares en los que la transparencia pone en riesgo las vidas que servimos. Gracias a Dios que la Biblia no solo enseña el ideal sino que también nos da ejemplos de cómo operar cuando la vida es peligrosa.

En la historia de Rahab, espiar, ocultar, mentir y enviar a los espías en una dirección imprevista fueron parte de un engaño cuyo objetivo era proteger al pueblo de Dios, Israel. ¿Cómo conciliamos este comportamiento engañoso con la rectitud de Dios? ¿Cuáles son los principios según los cuales debemos regirnos? Hoy vamos a examinar el tema de la honestidad y quién define el bien y el mal.

Lectura bíblica ....

JOSUÉ 6:17, 25
Y será la ciudad anatema a Jehová, con todas las cosas que están en ella; solamente Rahab la ramera vivirá, con todos los que estén en casa con ella, por cuanto escondió a los mensajeros que enviamos... Mas Josué salvó la vida a Rahab la ramera, y a la casa de su padre, y a todo lo que ella tenía; y habitó ella entre los israelitas hasta hoy, por cuanto escondió a los mensajeros que Josué había enviado a reconocer a Jericó.

HEBREOS 11:31
Por la fe Rahab la ramera no pereció juntamente con los desobedientes, habiendo recibido a los espías en paz.

SANTIAGO 2:25-26
Asimismo también Rahab la ramera, ¿no fue justificada por obras, cuando recibió a los mensajeros y los envió por otro camino? Porque como el cuerpo sin espíritu está muerto, así también la fe sin obras está muerta.

ROMANOS 14:4

¿Tú quién eres, que juzgas al criado ajeno? Para su propio señor está
en pie, o cae; pero estará firme, porque poderoso es el Señor para
hacerle estar firme.

ROMANOS 14:23

Pero el que duda sobre lo que come, es condenado, porque no lo hace
con fe; y todo lo que no proviene de fe, es pecado.

Estudio y reflexión

1. ¿Por qué Rahab fue considerada justa?

2. Hay quienes han criticado a Rahab por confundir a sus con-
   ciudadanos cuando vinieron a buscar a los espías hebreos.
   ¿Cómo estima el Nuevo Testamento a Rahab? (ver las lecturas
   del día de hoy).

Nuestro indicador

Una mujer del departamento del alguacil habló con nuestra aso-
ciación de propietarios de vivienda acerca de montar un servicio
de vigilancia para el vecindario. Sugirió algunas estrategias para
proteger nuestras casas y nuestro vecindario contra los ladrones.
Sugirió, entre otras cosas, dar la apariencia de que la casa estaba
habitada cuando salimos de viaje y cómo hacer parecer que tenemos
un perro grande cuando en realidad tenemos un gato pequeño. En
otras palabras, varias sugerencias que planteó eran básicamente formas de engaño. Sin embargo, yo no consideré sus ideas moralmente
incorrectas.

En su excelente libro *Ética bíblica*, Robertson McQuilkin refiere muchas formas de engaño que la Biblia condena, al igual que áreas en las cuales el engaño deliberado fue admitido.[4] La siguiente lista incluye algunas áreas de engaño entre las más amplias y las que con frecuencia han sido pasadas por alto:

- Mentir sin palabras
- Mentir usando palabras verdaderas (como hizo Satanás al tentar a Jesús, y lo que usan los medios cuando usan palabras fuera de contexto)
- Hipocresía (poner cara postiza para dar la impresión de ser mejor, más amable, rico, pobre o más inteligente de lo que se es)
- Exageración (de resultados, habilidades, conocimiento o experiencia)
- Autoengaño

Toda forma de engaño deliberado, no tan solo el uso de palabras falsas, está mal a los ojos de Dios, *a menos que* Él indique lo contrario. La definición de bien y mal puede desafiar nuestros sentimientos o nuestra lógica. Nuestros sentimientos nos engañan muchas veces. Por ejemplo, dado que nuestra nueva naturaleza se amolda a la naturaleza amorosa de Cristo, no es hipócrita demostrar amor a quienes nos desagradan. Odiar sería contrario a nuestra verdadera identidad (Ef. 4:24). Lo mismo puede decirse de ser fiel, paciente y amable, aun cuando nos sentimos como farsantes.

Para volar en posición vertical, los pilotos de avión a reacción confían en sus indicadores, no en sus sentimientos. Ellos saben que pueden experimentar la sensación de volar al revés cuando el avión está en posición hacia arriba. Si queremos vivir en rectitud, debemos dejar que Dios sea nuestro indicador, no nuestros sentimientos.

¿Permite Dios excepciones a sus reglas?

A propósito de la forma en que Rahab usó el engaño para proteger a los espías, veamos algunos ejemplos en los que Dios permitió excepciones a sus reglas. Luego veremos cómo podemos usar apropiadamente el engaño en nuestra vida diaria. Los diez mandamientos dicen: "No matarás" (Dt. 5:17). Algunos interpretan esto diciendo que matar es asesinato. Sin embargo, la Biblia no considera que todo acto de matar sea asesinato. Incluso Dios ordenó matar en algunas ocasiones. La guerra, la defensa personal y las ejecuciones criminales no se consideraban asesinato.

De igual modo, Dios no considera toda labor en el día de reposo una transgresión de la ley sabática de reposo. Los fariseos de la época de Jesús se equivocaron al decir que los actos de misericordia de Jesús transgredían la ley de Dios. En la historia de Rahab, Dios mandó a Josué marchar alrededor de Jericó siete días seguidos sin descansar el día de reposo. Dios no transgredió su ley, sino que obró conforme a principios suyos que prevalecen.

¿Justifica la Biblia el engaño en algunos casos?

McQuilkin cree que la Biblia justifica el engaño en tres áreas: en acuerdos mutuos intrascendentes, en la guerra y como oposición a alguna actividad criminal.[5] Para tratar algunas preguntas relevantes que atañen a la práctica de la honestidad en nuestra vida cotidiana, por favor, lee el anexo al final de la lección de hoy. Ahora veamos la honestidad en lo que respecta a las circunstancias de Rahab.

En lo concerniente a la guerra, los espías, los códigos y los criminales

Sabemos que Dios fija las normas éticas de la guerra. Puesto que Él mandó a Josué tender una emboscada mortífera que incluía confundir al enemigo, podemos concluir que Dios aprueba esa clase de operaciones encubiertas como parte de la guerra (Jos. 8:2). De hecho, Dios mismo tendió una emboscada en 2 Crónicas 20:22. Y su profeta Eliseo engañó a un ejército de soldados arameos (2 R. 6:8-23).

Dios mandó a Israel a espiar (Nm. 13:2). Los espías se llaman agentes *encubiertos* porque el espionaje supone engaño.

La Biblia *nunca* respalda acciones pecaminosas, ni siquiera cuando los motivos son correctos. El rey Saúl aprendió por las malas que el fin no justifica los medios (1 S. 13:8-14). Dios le quitó el reino porque él persistió en desoír los mandamientos de Dios con el fin de alcanzar lo que a él le parecía exitoso (1 S. 15:1-29). A Dios le importa el proceso. McQuilkin dijo: "Si la guerra es legítima, entonces las emboscadas, el camuflaje, el espionaje, la estrategia engañosa, la comunicación codificada como partes integrales de la guerra son también legítimas".[6]

Dios no solo permite esa clase de actividad, sino que bendijo a las parteras con sus propias familias por oponerse a Faraón. Y ellas echaron mano al engaño (Éx. 1:15-21). En la actualidad, los agentes de la policía y del FBI se sirven de estrategias engañosas para arrestar criminales. Y encendemos las luces cuando salimos de casa para que parezca que está ocupada y desalentar a los ladrones.[7]

¿Recuerdas a las monjas de *La novicia rebelde*? Después de sabotear los vehículos de los nazis para que no pudieran perseguir a la familia von Trapp, las monjas se acercaron sumisamente a la madre superior, diciendo: "Hemos pecado". ¿Estuvo mal que ayudaran a esta familia a escapar? A la luz de lo que hemos estudiado, yo creo que no.

He dedicado tiempo a estudiar el tema porque he oído a mucha gente criticar a Rahab. Puesto que la Biblia elogia sus acciones, quise investigar por qué sus acciones demuestran fe en Dios y amor por su pueblo.

Si ella hubiera dudado o se hubiera mostrado insegura, ¿le habrían creído los soldados? Espero que nunca tengamos que enfrentar situaciones en las que una respuesta instantánea signifique la vida o la muerte para nosotras o para otras personas. Pero si sucede, creo que Dios desearía que actuemos con determinación. El doble ánimo nos paraliza y nos hace inestables (Stg. 1:5-8). Por eso estudiamos desde ahora las normas morales de Dios y así sabremos cómo actuar en un momento de crisis. Él nos ha dado sus leyes y ejemplos para guiarnos.

Jesús demostró su fe en Dios cuando sanó en el día de reposo. Josué demostró fe en Dios cuando obedeció sus órdenes de marchar alrededor de Jericó y no se detuvo en el día de reposo. Rahab demostró su fe en Dios cuando desvió a los soldados para que no encontraran a los espías escondidos.

Romanos 14 dice que entre cristianos pueden existir opiniones diversas en asuntos discutibles. Puesto que "el cumplimiento de la ley es el amor", lo importante no es discutirlos ni juzgar a quienes no están de acuerdo con nosotros (Ro. 13:10). Resuelve tus convicciones personales directamente con el Señor (Ro. 14:22). Rahab actuó por la fe, y Dios la pone en un lugar notable en el Antiguo y en el Nuevo Testamentos.

Estudio y reflexión adicionales

3. ¿Qué piensas acerca de la lección de hoy?

Anexo: ¿Están mal las fiestas sorpresa?

¿Está mal engañar al invitado de honor con el fin de ocultarle una fiesta sorpresa? ¿Tengo que revelar mis intenciones a quienes pregunten? Observa los siguientes ejemplos.

Acuerdos sociales intrascendentes

Con respecto a los acuerdos sociales intrascendentes, McQuilkin cita lo siguiente. En Lucas 24:28-29, en el camino a Emaús, "Jesús continuó como si él fuera a ir más lejos". Esperó a que sus compañeros lo invitaran a comer cuando Él sabía que iba a cenar con ellos. En Mateo 6:16-18, Jesús dijo a sus discípulos que se arreglaran para no parecer delante de los demás que estaban ayunando.[8]

Nosotras practicamos un engaño similar en las situaciones sociales. Cuando alguien nos saluda y pregunta "¿cómo estás?", por lo general no espera un informe completo de nuestra vida y estado de salud. Esa clase de detalles son improcedentes en el saludo informal de un transeúnte.

El engaño en el campo de fútbol permite que los jugadores de la defensa sirvan a sus equipos. El elemento de sorpresa es parte de muchos juegos, bromas e historias.

Revelar nuestras intenciones

Jesús nos mostró que no tenemos que revelar nuestras intenciones solo porque alguien nos pregunta al respecto. En Juan 7:1-10, cuando los judíos querían matar a Jesús, Él no dijo a sus hermanos (que no creían en Él) que planeaba ir a Jerusalén.

Samuel temió que el rey Saúl lo matara cuando Dios lo envió a ungir a David como rey sucesor. A fin de encubrir su verdadero propósito, el Señor le dijo a Samuel que tomara una becerra y dijera que había venido a ofrecer sacrificio al Señor (1 S. 16:1-5).

Revelar mi pasado

¿Alguna vez te has preguntado cuánto necesitas revelar de tu pasado o contar de algún aspecto negativo de tu vida? ¿Estás obligada a contar todo a tu pareja?

Piensa en el *por qué* quieres contar algo. ¿Lo haces con el objetivo de desahogarte para *sentirte* mejor? ¿Causará sufrimiento o agobio innecesario a esa persona la información que reveles? Por otro lado, ¿revelar más detalles eliminará un secreto que los separa? Evita los detalles gráficos de aquello que sientes que debes revelar. Si te preguntan, responde con una sinceridad discreta según el carácter de la relación. No tienes la obligación de contar nada a personas que apenas conoces.

El Nuevo Testamento llama a Rahab "la ramera" cuando la elogia por su fe. Pablo se llamó a sí mismo "perseguidor de la iglesia" (Fil. 3:6). Ambas referencias subrayan la gracia de Dios, no el pasado indecoroso de la persona. A la hora de elegir un compañero o un amigo cercano, busca a alguien que entienda la gracia y que sepa que Dios concede un nuevo comienzo a quienes acuden a Él.

Dios quiere que hablemos *la verdad en amor*. Nuestras palabras deben dar gracia a los oyentes (Ef. 4:15, 29). Algunas personas prefieren no conocer los detalles del pasado de su pareja. Bastó saber que su cónyuge llegó al matrimonio con un pasado sexual manchado.

Siempre debemos estar en paz con Dios respecto a nuestros pecados. Nuestra lección acerca de Betsabé habla acerca de cómo hacerlo. Luego preguntamos a Dios cuánto debemos revelar a otras personas. Debemos dejar que Dios, no la culpa, nos guíe, y que la fe y no el temor, nos frene.

La persona que no está casada y que siente que necesita revelar más información o quiere saber más acerca de su prometido, debe tratar esas áreas antes del matrimonio. Debe permitir que el amor sea su guía, no desahogarse para sentirse aliviada. Mi esposo, que es consejero matrimonial, dice: "Hay que ser constructivo, no catártico".

El pecado habitual

¿Qué sucede cuando el problema es constante, como sexo fuera del matrimonio, pornografía, drogas ilícitas u otras adicciones? Si un problema puede afectar negativamente tu futuro, es necesario exponer los hechos. Es sabio permitir que tu futuro cónyuge entienda y asuma juntamente contigo las grandes luchas y pérdidas, y que sea advertido acerca de lo que puede enfrentar.

Muchas personas se hacen la promesa de cambiar después de casarse. No revelan su lucha presente con el pecado habitual porque temen que saberlo ponga fin a la relación. Si los errores pasados son "factores decisivos", es mejor tratarlos antes en lugar de vivir con un cónyuge resentido o amargado. Jesús te ama incondicionalmente. Fortalécete en ese amor y habla la verdad en amor.

La regla de oro "haz con los demás como quieres que hagan contigo" nos guía cuando es necesaria la transparencia. Queremos que nuestros criterios personales de honestidad e integridad sean tan estrictos como la Escritura y tan generosos como Jesús.

Quiero recordar...

Escribe unas frases de la lección de hoy que te ayuden a recordar lo que Dios te ha enseñado.

Día cinco

La fe inconmovible funciona

Alguien describió la fe bíblica como "tomar a Dios en serio". Me gusta esa idea que describe una relación de confianza con Dios. Rahab creyó que Dios podía cumplir su promesa a los hebreos. Él entregaría a Israel la ciudad donde ella vivía. Su fe dirigió sus pasos y cambió su destino.

Aplicación y reflexión

1. ¿Qué admiras de Rahab o de qué manera te identificas con ella?

2. ¿Por qué crees que Dios registró la historia de Rahab y la incluyó en la genealogía de Jesús en Mateo?

3. Aplica esta promesa a Rahab: "Pues la Escritura dice: Todo aquel que en él creyere, no será avergonzado" (Ro. 10:11).

4. ¿Qué aprendiste acerca de la fe bíblica en el estudio de esta semana y cómo lo estás poniendo en práctica?

5. ¿Qué aprendes acerca de Dios a la luz de la historia de Rahab?

6. Hebreos 12:1 dice: "Por tanto, nosotros también, teniendo en derredor nuestro tan grande nube de testigos, despojémonos de todo peso y del pecado que nos asedia, y corramos con paciencia la carrera que tenemos por delante". ¿De qué modo Rahab da testimonio de la esperanza de una vida transformada?

Cuando anhelas una fe inconmovible...
Lecciones de Rahab

No confundas suposición con fe bíblica. Suponer nada tiene que ver con tomar a Dios en serio. Es una actitud que se basa en deseos y en esperanzas falsas. Hace daño. Aquellos que confunden la suposición con la fe creen que Dios va a rescatarlos de sus gastos excesivos irresponsables porque Dios los ama. O justifican casarse con alguien que no comparte sus valores morales y espirituales. Confían en que Dios "lo usará para su bien".

Hebreos 11:1 dice: "Es, pues, la fe la certeza de lo que se espera". La palabra griega que se traduce "certeza" es *jupóstasis*. Significa "soporte, respaldo". La fe es la base de la esperanza. La fe en quién es Dios y en lo que Él ha dicho respalda la esperanza verdadera. Eso es diferente a creer que cualquier deseo caprichoso se hará realidad.

Hebreos 11 elogia a personas comunes que creyeron en Dios. Noé creyó que vendría un diluvio y construyó un arca. Abraham creyó la promesa de Dios de levantar una nación a partir de su descendencia. Esta no es una lista de visionarios que trazaron planes espectaculares. Eran personas imperfectas que respondieron con fe al plan revelado de Dios.

El final de Hebreos 11 nos recuerda que muchas promesas de Dios exceden el tiempo que vivimos sobre la tierra. La promesa final, la ciudad celestial donde todas las promesas se cumplen, está por venir.

El objeto de nuestra fe

Primera de Pedro 2:6 cita la Escritura diciendo: "El que creyere en él [Jesús], no será avergonzado". La esposa de un pastor local visitó las ruinas de Jericó en su viaje a Israel. Su guía señaló una sección donde el muro sigue en pie por encima de las ruinas de la ciudad. Estando en ese lugar, dijo: "La casa de Rahab".

Rahab creyó que Dios cumpliría su promesa y le daría la tierra de Jericó a Abraham y a sus descendientes. Toda la fe del mundo no habría salvado a Rahab si Dios no fuera el autor de la promesa. La gran fe en los dioses cananeos tampoco la habría librado.

La mano de Dios derribó los muros de Jericó. Con exactitud perfecta, la misma mano guardó la casa de Rahab. El gran himno "Qué firmes cimientos" nos recuerda que nuestra seguridad depende de nuestros cimientos. Aun si nuestro corazón tiembla, en Cristo estamos seguras.

Cuán firme cimiento se ha dado a la fe[10]

Estrofa 1

¡Cuán firme cimiento se ha dado a la fe,
de Dios en su eterna Palabra de amor!
¿Qué más Él pudiera en su Libro añadir
si todo a sus hijos lo ha dicho el Señor?

Estrofa 2

No temas por nada, contigo Yo soy;
tu Dios Yo soy solo, tu ayuda seré;
tu fuerza y firmeza en mi diestra estarán,
y en ella sostén y poder te daré.

Estrofa 3

No habrán de anegarte las ondas del mar
cuando aguas profundas te ordeno cruzar;
pues siempre contigo seré en tu dolor,
y todas tus penas podré mitigar.

Estrofa 4
La llama no puede dañarte jamás
si en medio del fuego te ordeno pasar;
el oro de tu alma más puro será,
pues solo la escoria se habrá de quemar.

Estrofa 5
Al alma que anhele la paz que hay en mí,
jamás en sus luchas la habré de dejar;
si todo el infierno la quiere perder,
¡yo nunca, no, nunca, la puedo olvidar!

Quiero recordar...

Escribe unas frases de la lección de hoy que te ayuden a recordar lo que Dios te ha enseñado.

Peticiones de oración

Escribe aquí las peticiones de oración de tu grupo.

Un Dios más grande que mis problemas

_____

_____

_____

_____

_____

_____

_____

_____

_____

_____

_____

_____

_____

_____

_____

_____

_____

_____

_____

_____

Cuando estas de duelo

Rut significa "amistad".

Noemí significa "placentera".

Elimelec significa "mi Dios es Rey".

Orfa significa "testaruda o venado".

Mahlón significa "enfermo".

Booz significa "en Él hay fortaleza".

Quelión significa "languidecer".

Noemí dio una palmada en el hombro a Rut.
"Tú has sido una hija para mí, pero ahora
debemos volver a casa de tu madre".

Las lágrimas de Rut habían aclarado su mente. Ella sabía que nunca podría regresar a su vida antes de conocer al Dios de Israel. "No me pidas que te deje. Te ruego que me dejes ir contigo. Dondequiera que tú vayas yo iré; dondequiera que tú vivas yo viviré. Tu pueblo será mi pueblo, y tu Dios será mi Dios".

¿QUÉ INFLUYE MÁS EN LO QUE TERMINAMOS SIENDO? ¿EL CÓMO SE nace o lo que se hace? Cuando miro las mujeres a quienes Dios escogió para incluir en el árbol genealógico de su Hijo, yo diría que la fe triunfa por encima de estas dos. Rut nació como perteneciente a una raza que era conocida por su hostilidad hacia los israelitas y, al igual que Tamar y Rahab, había crecido en una cultura pagana. Sin embargo, ella demuestra un verdadero carácter noble y una fe excepcional en el Dios de Israel. Cuando empieza la historia que leemos acerca de ella, la fe y el carácter son lo único que ella posee. Rut era una joven viuda moabita sin dinero, sin comida y sin contactos. Rut solo contaba con su carácter, la compañía de su suegra enlutada y su fe nueva en el Dios de Noemí para sostenerse y empezar una nueva vida en un país extranjero.

La historia de Rut tiene lugar durante la época en que los jueces gobernaban Israel. Aquella época se caracterizó por la apostasía, la guerra, la violencia y la decadencia moral, cuando "cada uno hacía lo que bien le parecía" (Jue. 21:25).

Rut no solo vivía en una época sombría; su pueblo tenía una historia desastrosa. Los moabitas eran descendientes de Lot, el sobrino de Abraham. Tal vez recuerdas que después que Lot y sus hijas sobrevivieron a la destrucción de Sodoma, su hija mayor dijo: "Ven, demos a beber vino a nuestro padre, y durmamos con él, y conservaremos de nuestro padre descendencia" (Gn. 19:32). Su relación incestuosa produjo un hijo llamado Moab, que llegó a ser el padre de los moabitas.

Los moabitas adoraban dioses paganos que incluían sacrificios humanos (2 R. 3:26-27). Incluso contrataron a Balaam para que maldijera a Israel (Dt. 23:4). Cuando eso falló, sus mujeres sedujeron sexual y espiritualmente a los hombres hebreos (Nm. 25:1-5). Esto trajo consecuencias desastrosas para los israelitas (1 Co. 10:8).

Si las personas fueran nada más el producto de su ADN o de su ambiente, no habría esperanza para el futuro de Rut. Sin embargo, Rut nos asombrará con sus decisiones, su carácter y su destino. Pero no me adelantaré a lo que sucedió en la historia. Hoy debemos acompañar a Noemí a enfrentar sus desoladoras pérdidas.

Día uno

Cuidado con las malas decisiones

Lectura bíblica ....

RUT 1 Y 2

Estudio y reflexión

1. Al igual que Tamar y Rahab, Rut es una mujer gentil originaria de una cultura pagana. Describe a Rut y a Noemí. Observa sus personalidades, circunstancias y actitudes.

2. ¿Por cuánto tiempo vivió la familia de Elimelec en Moab y qué sucedió mientras se encontraban allí (Rt. 1:1-7)?

3. Así como los virus se contagian más fácilmente que la salud, el pecado infecta más que la piedad. Los versículos siguientes muestran por qué Dios prohibió a Israel casarse con personas extranjeras. ¿Qué sucedió cuando Israel se mezcló con personas que tenían otras creencias?

Antes se mezclaron con las naciones,
Y aprendieron sus obras,
Y sirvieron a sus ídolos,
Los cuales fueron causa de su ruina.
Sacrificaron sus hijos y sus hijas a los demonios,
Y derramaron la sangre inocente, la sangre de sus hijos
    y de sus hijas,

Que ofrecieron en sacrificio a los ídolos de Canaán,
Y la tierra fue contaminada con sangre.
Se contaminaron así con sus obras,
Y se prostituyeron con sus hechos.
(Sal. 106:35-39)

4. Cuando sufrimos, queremos experimentar alivio lo más pronto posible. Ser conscientes de nuestras malas costumbres puede ayudarnos a reconsiderar nuestras acciones antes de tomar malas decisiones. Por regla general, ¿cómo buscas aliviar tu sufrimiento? Por ejemplo, comprar, comer, beber, hablar, mentir, dormir, orar, mirar televisión.

5. ¿Qué clase de carnada te atrae para irte a una "tierra extranjera" o lejos de la confianza en Dios?

6. Huir del sufrimiento no libró a la familia de Noemí de experimentarlo. El plan de alejarse *por un tiempo* llevó a los miembros de la familia a casarse y a morir lejos de casa. Cuando abandonamos el camino de Dios, el regreso parece imposible. ¿Qué impulsó al fin a Noemí a regresar a casa?

7. Cuando la culpa y las justificaciones te llevan a arraigarte en una tierra lejana, ¿qué puede motivarte a volver al Señor?

Mucho sufrimiento

En los últimos diez días, Janice había celebrado la graduación de la secundaria de su hijo, y también asistió a su funeral. "El aroma del pastel de carne, el plato favorito de mi hijo, flotaba en el aire de la casa. Estaba esperando que él y su padre entraran por la puerta en cualquier minuto. En lugar de eso, me alarmó el sonido del timbre. Tan pronto vi al agente de policía, supe que algo había sucedido a uno de ellos… Fue a David. Fue un inesperado accidente de auto cerca de casa… y se había ido".

David era la segunda pérdida de Janice. Hacía ocho años, una extraña enfermedad prematura había puesto fin a la vida de su única hija. Janice intentó escapar de su sufrimiento dejando su casa y su matrimonio. El sufrimiento nos hace susceptibles a las malas decisiones.

En unos pocos versículos, la Escritura describe las pérdidas de otra madre. Primero, una hambruna que desarraigó la familia de Noemí y los llevó a mudarse a Moab. Nuestra familia vivió en cuatro estados diferentes durante cuatro años. Aun sin la devastación que produce una hambruna, las mudanzas suponen una pérdida e incluso la separación de amigos, familia extendida, rutinas familiares y del lugar de adoración.

En algún momento después de la mudanza, Elimelec murió. Los hijos de Noemí, Mahlón y Quelión, se casaron con mujeres de la región que tenían otra fe (Rt. 1:15). Luego, ambos murieron sin tener hijos. En esta sociedad patriarcal, Noemí y Rut sepultaron junto con sus hombres toda su seguridad financiera. Con razón Noemí sentía que Dios se había vuelto contra ella. ¿Agravaban esos sentimientos el hecho de que ella había desoído su espíritu cuando dejó Belén o cuando sus hijos se casaron con mujeres extranjeras? ¿O eran reacciones naturales frente a la pérdida?

La Biblia no dice si Elimelec se equivocó en ir a Moab. Años antes, Abraham, Isaac y Jacob habían escapado de otras hambrunas viajando a tierras extranjeras. En su desvío, Abraham e Isaac se vieron tentados a mentir y a fingir que sus esposas eran sus hermanas.

Su intento de protegerse puso en riesgo a sus esposas. No obstante, Dios también mandó a Jacob ir a Egipto, de modo que mudarse a una tierra extranjera para alimentar a la familia no estaba de por sí mal.

Sin embargo, la ley mosaica prohibía que los israelitas se casaran con cananeos, principalmente porque adoraban ídolos. Es probable que Deuteronomio 7:3-4 atormentara a Noemí: "Y no emparentarás con ellas; no darás tu hija a su hijo, ni tomarás a su hija para tu hijo. Porque desviará a tu hijo de en pos de mí, y servirán a dioses ajenos; y el furor de Jehová se encenderá sobre vosotros, y te destruirá pronto".

Los moabitas adoraban al dios Quemos, cuya adoración era muy parecida a la del dios cananeo Baal. Un artículo de los ministerios *ad Dei Gloriam* acerca de Rut y del matrimonio con extranjeros dice: "Uno de sus rituales idólatras incluía el sacrificio de niños".[1] Un israelita devoto no consideraría casarse con una mujer que no compartiera su fe. Pero, al estar tan lejos de casa y tras el duelo por la pérdida de Elimelec, es posible que esta familia apesadumbrada no hubiera pensado con claridad. O tal vez sus esposas se mostraran receptivas a su Dios antes de que los matrimonios fueran concertados.

La Biblia no dice nada al respecto. Lo que sí dice es que cuando nos levantamos en una tierra extranjera, sin importar cómo llegamos allí, Dios ha dejado la luz encendida para recibirnos de nuevo en casa.

Quiero recordar...

Escribe unas frases de la lección de hoy que te ayuden a recordar lo que Dios te ha enseñado.

Día dos
La vuelta en "u"

En un viaje, el fallecido doctor Henry Brandt, consejero y escritor cristiano, dijo que una vez tomó por equivocación la rampa incorrecta en la autopista. Cuando su esposa lo cuestionó al respecto, él respondió: "Yo sé cómo llegar a Chicago". A su pesar, todas las señales de la carretera le daban la razón a su esposa. Pero él siguió adelante. Después de recorrer algunos kilómetros, el doctor Brandt al fin aceptó su error y dio vuelta. A veces tenemos que dar una vuelta en "u". Moab, que era pagana, le pareció mejor a Elimelec que la empobrecida Belén. ¿Has notado cómo a veces el sufrimiento exagera los posibles beneficios de un escape arriesgado y minimiza las desventajas? El desvío provisional de la voluntad perfecta de Dios que esperábamos trajera alivio, se convierte en otra prisión que prolonga y complica nuestra agonía.

Lucas 15:11-32 cuenta la historia de otra persona que partió con las manos llenas y regresó con las manos vacías. El personaje de esta historia no era alguien que buscaba suplir necesidades básicas, sino un hijo rebelde que dilapidó su herencia con una vida inmoral. Después de perderlo todo, entró en razón por cuenta del hambre y de una pocilga. Reconoció con humildad su pecado y regresó a su padre.

Su padre que lo recibe con brazos abiertos representa a nuestro Padre celestial. Si necesitamos regresar a casa porque nos hemos alejado para huir del sufrimiento o porque en rebeldía abandonamos la comunión con Dios, la historia de este joven puede animarnos. Nuestro Padre está atento y ansioso por vernos regresar.

Henry Brandt tuvo que hacer una vuelta en "u" para llegar a Chicago. El hijo perdido tuvo que abandonar la pocilga y su actitud rebelde para ir a casa. Y Noemí tuvo que despedirse de Moab para volver a Belén. Nosotras también debemos dejar nuestra propia voluntad para volver a Dios. Él provee la fortaleza y la gracia para que nosotras reconozcamos nuestros errores y volvamos a casa.

Lectura bíblica ....

Rut 1:8-14

Estudio y reflexión

1. El camino a la sanidad incluye a menudo despedidas dolorosas e incertidumbre.

a. ¿Qué tuvo que dejar Noemí para volver a Belén?

b. A veces nos desconcierta la idea de abandonar una actitud, una relación, una duda o la culpa. ¿Qué o a quién debes dejar para poder acercarte a Dios?

2. Jesús dijo: "Bienaventurados los que lloran, porque ellos recibirán consolación" (Mt. 5:4). La pena puede expresarse de muchas formas. ¿Cómo expresó Noemí la congoja por sus pérdidas?

3. Observa la relación entre Noemí, Orfa y Rut. A pesar de la aflicción de Noemí, ¿qué clase de suegra parece ser ella?

4. ¿Cómo honró Rut a su esposo fallecido (Rt. 1:8) y qué nos enseña eso acerca de cómo honrar a nuestros seres queridos que han muerto?

5. ¿Por qué crees que Noemí cambió de parecer y decidió animar a sus nueras moabitas a regresar a sus casas en lugar de seguir con ella hasta Belén (Rt. 1:8-9)?

Un escape poco exitoso

Por naturaleza, todos le rehuimos al dolor. A veces lo correcto es huir de nuestra situación. Otras veces, Dios quiere fortalecernos en medio de nuestras circunstancias. Un salto impulsivo de un árbol puede hacernos caer en un arbusto espinoso. Huir de la incomodidad rara vez nos libra del dolor, o solo por un momento breve. Esto es cierto siempre que anhelamos *más* el alivio que a Dios mismo.

Como sucede a menudo cuando tratamos de rehuir circunstancias difíciles, el sufrimiento de Noemí y de Elimelec los persiguió aun cuando se fueron de Belén, e incluso se agravó. La familia había planeado irse por un período de tiempo limitado. Ese "período" se prolongó diez años. Durante ese tiempo, Elimelec murió y sus hijos se casaron con mujeres moabitas que servían a dioses extranjeros. Cualquier alivio que experimentaron fue pasajero.

Después de sepultar a sus seres queridos, Noemí recibió buenas noticias: "El Señor ha provisto alimento en Belén". La bondad de Dios conduce al arrepentimiento (Ro. 2:4). Esta noticia ayudó a Noemí a empacar sus escasas pertenencias y emprender el regreso a casa. La esencia del arrepentimiento es un cambio de dirección. Noemí se fue de Belén hacia Moab. Ahora tenía que dejar tres tumbas, las relaciones que había construido en los últimos diez años, y su vínculo con Orfa y Rut. Tenía que despedirse de la sensación de tener el control. Tenía que dejar todo y dar vuelta.

Quiero recordar...

Escribe unas frases de la lección de hoy que te ayuden a recordar lo que Dios te ha enseñado.

Día tres

No dejes que el dolor nuble tu pensamiento

Los estafadores saben que en circunstancias desesperadas las personas son una presa fácil. En momentos apremiantes, las promesas extravagantes son como música para nuestros oídos. ¿Alguna vez has tomado una mala decisión porque te sentías desesperada? El impulso de escapar al dolor afectó el discernimiento de Noemí. En su aflicción, pensó que sería ingenioso que sus amadas nueras aseguraran nuevas nupcias, aun si fueran hombres que adoraban al dios falso que exigía sangrientos sacrificios (2 R. 3:26-27). Noemí dijo a Orfa y a Rut: "Vuelvan a casa y cásense de nuevo". Pero Rut había probado la dulzura del Señor. Ella no quería tener nada que ver con la religión muerta de la que había escapado. Estar en la miseria con Noemí, bajo el amparo de Dios, era mucho mejor que la seguridad bajo la autoridad de un esposo pagano.

El mal consejo de Noemí nos recuerda que debemos probar aun el consejo humano que proviene de alguien confiable a la luz de los principios eternos de Dios. Nunca lamentaremos acatar su sabiduría. Siempre demuestra ser buena y firme. Cuando nos sentimos inseguras, debemos recordar el carácter de Dios. Enfocarnos en nuestras circunstancias inciertas o en nuestras pérdidas solo debilitan nuestra esperanza. Nuestra seguridad no radica en los buenos resultados de nuestras ideas. Tampoco se basa en la certeza que sintamos. Solo Dios es el fundamento de una esperanza segura.

Rut no permitió que sus pérdidas le impidieran buscar a Dios. Si ella pudo prometer devoción a su suegra que era falible, ¿cuánto más digno es nuestro perfecto Señor Jesús de nuestra rendición total?

Lectura bíblica..
RUT 1:15-22

Estudio y reflexión

1. Compara el consejo que dio Noemí a Rut a la luz del siguiente pasaje: "Fíate de Jehová de todo tu corazón, y no te apoyes en tu propia prudencia. Reconócelo en todos tus caminos, y él enderezará tus veredas" (Pr. 3:5-6).

2. Lee el voto de compromiso de Rut con Noemí (1:16-17). ¿Qué revela el compromiso de Rut acerca de su relación con Dios?

3. ¿Alguna vez has notado cómo la tentación presenta un cuadro deslumbrante de los supuestos beneficios del pecado? Sin embargo, cuando contemplamos un paso de fe, se nos presentan todos los riesgos. ¿Qué está dejando Rut para acompañar a Noemí y seguir a Dios?

4. ¿Cómo puedes aplicar la promesa de Rut a su suegra Noemí a tu compromiso de seguir a Jesucristo?

5. Rut rechazó amorosamente el consejo de su suegra. ¿Qué te ayuda a reconocer y a rechazar un mal consejo?

6. ¿Qué aprendes de los siguientes pasajes acerca de cómo obtener sabiduría? "Y si alguno de vosotros tiene falta de sabiduría, pídala a Dios, el cual da a todos abundantemente y sin reproche, y le será dada. Pero pida con fe, no dudando nada; porque el que duda es semejante a la onda del mar, que es arrastrada por el viento y echada de una parte a otra. No piense, pues, quien tal haga, que recibirá cosa alguna del Señor. El hombre de doble ánimo es inconstante en todos sus caminos" (Stg. 1:5-8).

7. Mara significa "amarga". ¿Cómo describe Noemí el cambio que sucedió en ella desde que sus amigos de Belén la vieron por última vez (Rt. 1:19-22)?

8. Noemí se encontraba en una situación especialmente precaria.

   a. ¿Cómo afectaron las pérdidas que sufrió Noemí su percepción de Dios y de la vida?

   b. Describe una ocasión en la que permitiste que tus circunstancias distorsionaran tu visión de Dios.

9. Noemí sintió que el Señor se había vuelto en su contra. ¿Qué certezas nos brindan los siguientes pasajes acerca de la relación de Dios con sus hijos en tiempos difíciles?

   a. "¿Qué, pues, diremos a esto? Si Dios es por nosotros, ¿quién contra nosotros? El que no escatimó ni a su propio Hijo, sino que lo entregó por todos nosotros, ¿cómo no nos dará también con él todas las cosas? ¿Quién acusará a los escogidos de Dios? Dios es el que justifica. ¿Quién es el que condenará? Cristo es el que murió; más aun, el que también resucitó, el que además está a la diestra de Dios, el que también intercede por nosotros. ¿Quién nos separará del amor de Cristo? ¿Tribulación, o angustia, o persecución, o hambre, o desnudez, o peligro, o espada? Como está escrito: Por causa de ti somos muertos todo el tiempo; somos contados como ovejas de matadero. Antes, en todas estas cosas somos más que vencedores por medio de aquel que nos amó. Por lo cual estoy seguro de que ni la muerte, ni la vida, ni ángeles, ni principados, ni potestades, ni lo presente, ni lo por venir, ni lo alto, ni lo profundo, ni ninguna otra cosa creada nos podrá separar del amor de Dios, que es en Cristo Jesús Señor nuestro" (Ro. 8:31-39).

b. "Y habéis ya olvidado la exhortación que como a hijos se os dirige, diciendo: Hijo mío, no menosprecies la disciplina del Señor, ni desmayes cuando eres reprendido por él; porque el Señor al que ama, disciplina, y azota a todo el que recibe por hijo. Si soportáis la disciplina, Dios os trata como a hijos; porque ¿qué hijo es aquel a quien el padre no disciplina? Pero si se os deja sin disciplina, de la cual todos han sido participantes, entonces sois bastardos, y no hijos. Por otra parte, tuvimos a nuestros padres terrenales que nos disciplinaban, y los venerábamos. ¿Por qué no obedeceremos mucho mejor al Padre de los espíritus, y viviremos? Y aquéllos, ciertamente por pocos días nos disciplinaban como a ellos les parecía, pero éste para lo que nos es provechoso, para que participemos de su santidad. Es verdad que ninguna disciplina al presente parece ser causa de gozo, sino de tristeza; pero después da fruto apacible de justicia a los que en ella han sido ejercitados" (He. 12:5-11).

Dios, ¿todavía me amas?

Hace poco, trasladaron a mi amiga a un hospital para el tratamiento del dolor. El cáncer se había extendido al líquido cefalorraquídeo y a su cerebro. Su cabeza calva no atenuaba la belleza de su hermosa sonrisa. En el lapso de tres años, Abby perdió a su esposo y a su hijo mayor. Ahora ella estaba al borde de la muerte. Abby se había aferrado con valentía a su fe con cada sacudida. Tenía paz para su futuro. Sin embargo, le preocupaba su hijo de veintisiete años. Él la acompañaba junto a su cama. Ambos sabían que pronto él sería el único miembro de la familia que quedaría. Perder a un pariente cercano crea un vacío que dura toda la vida. Perder a toda la familia deja un vacío insondable. Tres tumbas marcaron las pérdidas de Noemí. En la sociedad de su época, que era liderada por hombres, sus pérdidas también se traducían en pobreza. El sufrimiento de Noemí distorsionó su visión de Dios. ¿Conoces a alguien que está desilusionado con Dios por causa de una terrible pérdida? Recuerdo que durante un período especialmente doloroso de mi vida le dije a Dios: "¡Si crees que esto es edificar mi fe te equivocas! Mi fe se está haciendo pedazos".

A su tiempo, Dios me permitió ver parte del bien que mis dolorosas pérdidas produjeron. Nadie puede entender completamente una situación cuando se encuentra en medio de ella. Algunas cosas solo se podrán entender en el cielo. Pero eso está bien. Dios entiende, y Él tiene todo bajo control. Su punto de vista eterno garantiza que nunca comete un error. Es importante recordar esto porque las circunstancias nos dictan lo contrario. Y nuestra visión de Dios afecta cada aspecto de la vida.

He aprendido que no hacen falta grandes pérdidas y desilusiones para que nuestra percepción de Dios se distorsione. Un verano, yo planeé terminar las asignaturas para una maestría en estudios bíblicos. Me hacían falta solo tres clases. Estaba empacando algunos elementos de la cocina para el tiempo que pasaríamos fuera de casa, cuando mi esposo se acercó. Dijo que el apoyo financiero que habíamos recibido para el ministerio era menos de lo esperado. En pocas palabras, ya no era posible para mí asistir a las clases ese verano.

Estaba desilusionada, pero no me di cuenta de que mi tristeza había contaminado toda mi perspectiva de la vida. Un día, me senté en mi cama y le pregunté al Señor por qué me sentía tan melancólica. De inmediato sentí su respuesta: *tú no crees que te amo*. Consternada, tuve que reconocer que era cierto. Mi decepción había envenenado mi pensamiento.

Señor, yo sé que tú me amas. Tú enviaste a tu Hijo a morir por mí.

Me impresionó cómo bastó que yo refutara la mentira y afirmara la verdad para recobrar mi ánimo. Cuando no puedes deshacerte de una emoción negativa, trata de pedir a Dios que te muestre lo que sucede. Dale tiempo para que te revele cualquier mentira que crees acerca de Él, de ti misma o de cualquier cosa. ¿Ha afectado alguna pérdida lo que crees acerca de Dios? ¿Parece que Dios es distante, cruel o difícil de complacer? ¿Qué cambiaría en tu vida si creyeras que Dios te ama?

No puedes imaginar que Dios te ama más de lo que te ama. Él es amor. Cree en su amor. Abby creyó en su amor. Y mi oración es que su hijo también.

Quiero recordar...

Escribe unas frases de la lección de hoy que te ayuden a recordar lo que Dios te ha enseñado.

Día cuatro

Haz tu parte y deja que Dios haga la suya

Jackie es una encantadora de perros. Ella se denomina a sí misma una entrenadora de perros, pero si observas cómo esta mujer menuda maneja a un perro de casi 70 kilos, sabrás lo que quiero decir. Yo quería que Jackie nos ayudara a entrenar a nuestro cachorro de cinco meses, pero no lograba contactarla. Busqué en mis correos electrónicos y llamé a su antiguo lugar de trabajo antes de quedarme sin pistas.

Yo trabajo ocasionalmente como diseñadora de interiores. Cada vez que planeaba visitar a la costurera, algo se interponía. Se me ocurrió llamar a otra persona. De camino a su taller, pensé de nuevo en Jackie. Imagina la curiosidad que sentí cuando leí un aviso junto a la puerta de la nueva costurera que decía "entrenadora de perros". Había otro aviso más pequeño en la ventana que decía: "Entrenamiento para perros de Jackie". ¿Podría tratarse de *esa* Jackie?

Así fue.

Me asombran mis intentos infructuosos por encontrarla, mis esfuerzos frustrados por inscribirme en otras clases para entrenamiento canino y el impulso de ir a otra costurera. Dios no había dejado que mi anhelo por encontrar a Jackie se extinguiera. Tomó cierto tiempo, pero en el momento indicado, Él conectó nuestros caminos.

El misterio de la soberanía divina y de la responsabilidad humana es como un baile que tiene lugar en la Escritura: "El corazón del hombre piensa su camino; mas Jehová endereza sus pasos" (Pr. 16:9). En el baile de salón, cada bailarín es responsable de ejecutar sus pasos. El papel del hombre es liderar el baile. El papel de la mujer es seguirlo. Un toque sutil basta para guiar a un bailarín experimentado. Un bailarín novato necesita un rápido tirón para evitar que se estrelle con otra pareja en la pista de baile.

Caminar con Dios es un vals divino de fe. No nos corresponde liderarlo. Nuestro papel consiste en estar atentos a nuestra pareja de baile y en seguir su dirección.

Dios usa nuestras necesidades para dirigir nuestros pasos. Recordé esto cuando cincuenta petirrojos descendieron sobre mis cinco encinas y devoraron las bayas rojas. "Mirad las aves del cielo, que no siembran, ni siegan, ni recogen en graneros; y vuestro Padre celestial las alimenta" (Mt. 6:26). Dios proveyó las bayas, pero el hambre condujo a las aves a buscarlas.

La fe no significa pasividad. El trabajo forma el carácter y produce satisfacción. Un cuerpo capaz que rehúsa hacer su trabajo perjudica su propio carácter y felicidad. La fe conduce a la acción. Noemí no podía trabajar en los campos, pero podía pastorear a Rut.

Más adelante, ella asumiría otra grata responsabilidad. Pero, por el momento, Rut y Noemí necesitan comida. Observa cómo Dios se sirve de esta necesidad común para llevar a cabo su plan divino.

Que comience el baile

Booz permitía que los pobres espigaran en sus campos. También era pariente de Elimelec. Esto lo hacía candidato para casarse con Rut y para comprarle a Noemí la tierra de Elimelec. Sin embargo, ¿cómo podían conocerse este terrateniente adinerado y una viuda pobre? Me encanta como lo expresa la Escritura: "y aconteció que aquella parte del campo era de Booz, el cual era de la familia de Elimelec" (Rt. 2:3). ¡Y aconteció que Booz quedó fascinado con ella!

Booz, que era un pariente redentor, es un tipo de Cristo. (La próxima semana hablaremos más acerca del término "pariente redentor"). Él entró en su campo con un corazón más grande que el estado de Tejas. Imagina trabajar para un jefe que te bendice mientras supervisa tu progreso.

Es probable que Rut no sintiera la dirección invisible de Dios aquel día. Aunque se hubiera sentido inclinada a trabajar en el campo de Booz, no habría podido imaginar lo que le esperaba. Dios usó algo tan común como el hambre para dirigir a Rut hacia Booz. Él recompensó la generosidad de Booz hacia el pobre trayéndole a Rut. Necesidades simples, un impulso sutil, y ahí está, la mano de Dios.

Lectura bíblica ....
Rut 2:1-5

Estudio y reflexión

1. Con base en los siguientes versículos, describe la provisión de Dios para el desterrado, el pobre y el extranjero. ¿Qué tenía que hacer el pobre para beneficiarse de esta provisión?

    "Cuando siegues tu mies en tu campo, y olvides alguna gavilla en el campo, no volverás para recogerla; será para el extranjero, para el huérfano y para la viuda; para que te bendiga Jehová tu Dios en toda obra de tus manos. Cuando sacudas tus olivos, no recorrerás las ramas que hayas dejado tras de ti; serán para el extranjero, para el huérfano y para la viuda. Cuando vendimies tu viña, no rebuscarás tras de ti; será para el extranjero, para el huérfano y para la viuda. Y acuérdate que fuiste siervo en tierra de Egipto; por tanto, yo te mando que hagas esto" (Dt. 24:19-22).

2. ¿Por qué crees que Dios quería que estas personas trabajaran en los campos en lugar de recibir bolsas de grano recolectado? "Porque también cuando estábamos con vosotros, os ordenábamos esto: Si alguno no quiere trabajar, tampoco coma. Porque oímos que algunos de entre vosotros andan desordenadamente, no trabajando en nada, sino entremetiéndose en lo ajeno. A los tales mandamos y exhortamos por nuestro Señor Jesucristo, que trabajando sosegadamente, coman su propio pan" (2 Ts. 3:10-12).

3. ¿Qué motivaba a Rut a buscar trabajo?

4. ¿Cómo ves que operan conjuntamente la soberanía de Dios y la responsabilidad humana para que Rut llegara al campo de su pariente redentor?

5. ¿Crees que Rut era consciente de la dirección de Dios?

6. Al mirar en retrospectiva tu propia vida, ¿fuiste más consciente de la dirección de Dios durante el proceso o solo después, al mirar atrás?

7. Piensa en una ocasión en la que solo reconociste la intervención de Dios después de los hechos. ¿Cómo te anima recordar su protección y su dirección pasadas para enfrentar los desafíos de hoy?

Dios usa circunstancias cotidianas

No me detuve a analizar el impulso repentino que sentí de abandonar mis compras con mi prima, que vive en otra ciudad. Simplemente me dirigí al auto y empecé a conducir para regresar a casa. Tan pronto como entramos en la autopista, Susanne vio a su esposo en el carril contiguo. Estaba perdido. Él y sus hijos habían estado dando vueltas alrededor de Raleigh sin un teléfono celular. Llamamos su atención y logramos que nos siguiera hasta llegar a casa.

¿Alguna vez has sentido el impulso claro de ir en una dirección sin tener idea por qué? Tal vez Rut sintió el impulso de pasar por el campo de Booz. Nunca habría imaginado que el impulso que sentí de volver a casa hubiera servido para rescatar a mis primos perdidos. Yo pensé que estaban viendo una película al otro lado de la ciudad.

A veces confundimos la providencia de Dios con mala suerte. Estoy segura de que es así como mis amigas Susan y Navaka se sintieron cuando no pudieron disfrutar sus vacaciones de un centro turístico en la playa. En 2004, mientras visitaban Sri Lanka, unos terribles dolores estomacales obligaron a Susan a ir a la sala de emergencias. A pesar de que había tomado medicamentos, no lograba reponerse. A regañadientes, cancelaron su anhelado viaje a la playa. Tan pronto cambiaron los planes, el estómago de Susan se mejoró. Mientras visitaban un lugar cercano, la playa que habían planeado visitar se convirtió en el escenario de uno de los desastres naturales más mortíferos de la historia. Más de doscientas treinta mil personas de catorce países perdieron sus vidas en los tsunamis.[2]

En el caso de Susan, Dios usó una enfermedad. En el caso de Rut, usó el hambre. Dios usa situaciones cotidianas para conducirnos a su plan perfecto. A veces necesitamos la perspectiva del tiempo para reconocer la mano de Dios. ¿Alguna vez te has sentido abandonada por Dios? Un día verás cómo su mano te guio a lo largo de esta vida. Quedarás asombrada.

La historia de Dios no ha terminado. Como sucede con todo buen libro, algunas cosas solo cobran sentido hasta el capítulo final. Hasta entonces, nuestro papel es confiar a Dios nuestras desilusiones. Él está obrando en tu vida así como obró en la vida de Susan, de Rut y de Noemí.

Quiero recordar...

Escribe unas frases de la lección de hoy que te ayuden a recordar lo que Dios te ha enseñado.

Día cinco

Regreso y recompensa

"Te amo". ¿Quién se cansa de oír palabras edificantes que brotan de un corazón sincero? Algunas bendiciones hace falta oírlas sin cesar.

Sin embargo, las palabras que carecen de respaldo en acciones pierden su significado rápidamente. Booz saludó a sus trabajadores diciendo "que el Señor los bendiga". A Rut dijo "que el Señor recompense tu trabajo". Y en seguida aseguró su éxito. La puso a espigar con sus siervos entre los fardos donde estaría protegida. Mandó a sus hombres sacar grano para que ella no tuviera que recogerlo pisoteado. Booz respaldó sus palabras con acciones.

Cuando leas el pasaje de la historia de hoy, observa los rasgos de carácter de Booz. Son una buena lista de oración para alguien que busca un esposo. Y no olvides considerar las cualidades de Rut. Ella también tiene gran valor. Agacharse para recoger grano y matar bichos en el campo era la preocupación más insignificante de esta viuda. En una época en la que "cada uno hacía lo que bien le parecía", Rut habría sido presa fácil de cualquier hombre cruel o de un grupo de hombres. Después de todo, era bien sabido que ella no tenía esposo, padre ni hermano que pudiera tomar represalias por cualquier perjuicio cometido contra ella. Rut también tuvo que olvidarse de su orgullo. Ni siquiera tenía el estatus de labriega. Hay quienes se sentirían humillados por estar a merced de la bondad de un extraño. Sin embargo, Dios había preparado el camino para Rut. Él había encendido una chispa en el corazón de Booz con los reportes de su bondad hacia Noemí y su fe en Jehová (Rt. 2:11-12). Cuando ella se presentó en su campo, él no pudo evitarlo. Sintió que tenía que proteger a esta joya sin igual.

Rut y Booz demostraron valor, cada uno a su manera. Booz traspasó con valentía barreras culturales y de género para ayudar a esta mujer extranjera, incluso al punto de servirle comida. Rut se arriesgó con valentía a sufrir rechazo cuando preguntó si podía espigar en el campo de un extraño y se dispuso a realizar un trabajo arduo. Hoy empezamos su historia de amor.

Lectura bíblica ....

RUT 2:4-23

Estudio y reflexión

1. Recoger el grano que quedaba de la cosecha era un trabajo arduo. ¿Cómo le demuestra Booz a Rut su atención especial y se asegura de que ella obtenga la mejor recompensa por su labor?

2. ¿Por qué crees que a Booz y Noemí les preocupaba la seguridad de Rut cuando trabajaba en los campos (Rt. 2:8, 9, 22)?

3. ¿Cómo se identifica a Rut en el versículo 6? ¿Por qué se consideraba dicha característica una desventaja en esa cultura judía?

4. ¿Qué le dio a Rut su buena reputación (Rt. 2:7, 10-12)?

5. La mayoría tenemos cosas que nos gustaría cambiar de nosotras mismas. En mi caso, me gustaría tener el cabello grueso y más energía. Tal vez tú desearías poder borrar tus errores o heridas del pasado. Nuestro carácter, nuestra fe, nuestro amor y nuestras actitudes importan más que las cosas que no podemos cambiar. Dios promete que aquellos que tienen hambre y sed de justicia serán saciados. ¿Qué cualidades de carácter deseables te gustaría fortalecer?

6. ¿Por qué Rut es un ejemplo de cómo responder a Cristo?

Cuando experimentas aflicción... Lecciones de Rut

Como el sol de la mañana que se levanta después de una tormenta, Rut es un grato rayo de sol al final de un período sombrío de la historia hebrea. Su humildad, su dulce lealtad y el hecho de que no se autocompadecía, la harían sobresaliente en cualquier era. Su vida constituye un bello ejemplo de nuestra esperanza en que Dios usa todas las cosas para el bien de los que le aman (Ro. 8:28).

A pesar de la larga historia que tenía Noemí con Dios, ella dejó que sus circunstancias distorsionaran su visión de Él: "en grande amargura me ha puesto el Todopoderoso. Yo me fui llena, pero Jehová me ha vuelto con las manos vacías. ¿Por qué me llamaréis Noemí, ya que Jehová ha dado testimonio contra mí, y el Todopoderoso me ha afligido?" (Rt. 1:20-21). Ella nos recuerda cuán fácil es redefinir a Dios basándose en las circunstancias.

Si ella estaba llena, ¿por qué se mudó a Moab durante la hambruna? A veces no apreciamos lo que tenemos hasta que lo perdemos. En retrospectiva, enfrentar una hambruna con sus seres queridos era como estar llena, comparado con estar ahora sin ellos. Cuán fácil es enfocarnos en las carencias que percibimos y pasar por alto lo que en realidad tenemos. Cuando Noemí dijo a sus amigos que la llamaran amarga porque había regresado vacía, pasó por alto otro bien. Más adelante, sus amigos se lo expresaron diciendo: "¡Rut vale más que siete hijos!". En otras palabras: "Noemí, ¡tú no regresaste vacía!".

El sufrimiento y la pérdida pueden llevarnos a concluir que Dios está enojado con nosotras. Pensamos que, en caso contrario, Él no permitiría ese sufrimiento. Eso fue exactamente lo que insistieron en afirmar los consejeros de Job frente a su gran pérdida, pero estaban equivocados. En cambio, escucha lo que Dios dijo: "¿No has considerado a mi siervo Job, que no hay otro como él en la tierra, varón perfecto y recto, temeroso de Dios y apartado del mal?" (Job 1:8). El diablo injuria la naturaleza de Dios. Él sabe que si te apartas de Dios te quedarás sin consuelo. Él quiere aislarte y destruirte. Ten cuidado con sus mentiras.

El carácter de Dios no cambia con nuestras circunstancias. Debemos aprender a examinar la vida a la luz del carácter de Dios en lugar de juzgar a Dios por nuestro dolor.

Las pruebas demuestran que pertenecemos a Dios (He. 12:5-11). Dios usa las dificultades para perfeccionarnos, de manera muy parecida a como nuestros padres ponen a sus hijos a hacer sus deberes porque desean que tengan éxito. Si Noemí hubiera estado cómoda en Moab, no estaríamos leyendo su historia.

Un redentor lo cambia todo

Booz venía de Belén. Cada cualidad suya se asemejaba a Cristo. A Booz le importaba su rebaño y bendecía a sus siervos. Este adinerado terrateniente no solo invitó a la joven desposeída a trabajar para él sino que él mismo se dispuso a servirle comida.

Booz le dijo dónde trabajar porque quería protegerla y garantizar su éxito. Mandó a sus siervos que cuidaran de ella, así como Cristo ha mandado a sus ángeles que velen por nosotras (Sal. 91:11; He. 1:14). Qué hombre tan noble. ¡Qué maravilloso Salvador!

La verdad libera

La esperanza de Noemí cambiaba con las circunstancias. Pero no tenemos que esperar a que nuestra situación cambie para sentir esperanza. Jesús reveló la naturaleza amorosa de nuestro Padre celestial (Jn. 1:14, 14:6-10). El secreto de la esperanza es permitir que la Palabra de Dios, y no nuestras emociones, nuestra lógica o un momento particular, definan quién es Dios.

Sin importar las limitaciones que hayan podido mostrar Noemí y su familia en su expresión de la fe, es claro que Noemí conocía y adoraba al Dios de Israel. Ella amaba a Rut y a Orfa. Mientras vivió en esta familia hebrea, Rut fue testigo de su fe, experimentó su amor, y era evidente que anhelaba conocer al Dios de ellos. Al final, ella prefirió la compañía de su suegra y del Dios de su suegra en lugar de regresar a su propia familia y a sus dioses. Ella se arriesgó a sufrir rechazo y humillación en una tierra extranjera con tal de permanecer bajo el amparo de Dios.

En los tiempos de Rut no había teléfonos, ni correo electrónico y ni siquiera correo postal. No había buses ni trenes para regresar a casa si su nueva vida era decepcionante. Su compromiso fue total. No había vuelta atrás.

Quiero recordar...

Escribe unas frases de la lección de hoy que te ayuden a recordar lo que Dios te ha enseñado.

Peticiones de oración

Anota aquí las peticiones de oración de tu grupo.

Cuando te sientes vacía
Obed significa "adorador".

LOS CUENTOS DE HADAS EN LOS QUE APUESTOS PRÍNCIPES MATAN dragones lanza llama y rescatan princesas indefensas todavía me cautivan. Quizá estos cuentos son tan inspiradores porque encarnan la redención. Me hacen pensar en el Rey Jesús que peleó con el diablo para rescatarme.

Rut es ese tipo de historia. Rut era una damisela en apuros. La viudez era su dragón, la pobreza el fuego. En esa época, el matrimonio era la seguridad financiera para una mujer. Los hijos añadían valor y la promesa de un futuro. Rut no tenía nada de eso. Desde el punto de vista humano, irse con Noemí a Belén era un suicidio financiero. ¿Acaso un israelita respetable se casaría con una extranjera de un pueblo que había maldecido a Israel?

Rut se aferró a Noemí a pesar de estos obstáculos. Encontrar a Dios había transformado sus valores. El Dios de Israel era un Dios vivo que cuidaba de los suyos. Ser soltera en un lugar donde ella podía estar cerca de Dios era mucho mejor que cualquier seguridad material que pudiera ofrecerle un esposo. ¿Cómo podía volver Rut a la cultura degradante moral y espiritualmente de la que había sido librada? El pueblo de Noemí sería su pueblo, aun si ellos no la aceptaban plenamente.

¿Puedes ver la sonrisa de Dios conforme sus manos invisibles guían a Rut a los campos de cebada de Booz? Yo puedo imaginar lo que piensa: *Rut, puesto que me has elegido por encima de un hombre y de la seguridad material, tendrás ambas cosas. Tendrás un esposo que te amará y te cuidará, y tendrás un papel especial en mi historia.*

Rut no tenía idea de los planes de Dios. Booz no solo era bondadoso con el pobre, sino que era pariente de Elimelec, rico y soltero. ¿Habrá un candidato más perfecto? Siendo que era descendiente de Rahab, también tenía una inclinación por los extranjeros.

Bajo la ley hebrea, la tierra pertenecía a Dios y se dividió entre las tribus de Israel. Si la pobreza forzaba a que una familia vendiera una parte de su tierra, el pariente más cercano podía volver a comprarla para mantenerla en la familia. En caso de que no hubiera un pariente cercano, el propietario que la vendía podía comprarla si contaba con los recursos financieros.[1]

Noemí esperaba echar mano de la ley del levirato, la cual estudiamos en el caso de Tamar. Conforme a esa ley, cuando un hombre moría sin hijos, su hermano era el responsable de casarse con la viuda para conservar el nombre del hermano fallecido y sus propiedades. Su hijo primogénito sería llamado como el hombre fallecido y heredaría todos sus bienes. Si no había un hermano, la viuda podía escoger a un pariente. La viuda tenía el derecho de humillar públicamente a ese pariente si rehusaba casarse con ella (Dt. 25:5-10).

Esta ley protegía a la viuda y mantenía la tierra dentro de la familia. También le daría un nieto a Noemí. El fallecido J. Vernon McGee dijo que la viuda tenía la responsabilidad de reclamar el pariente redentor.[2] Siendo conocedora de las costumbres y las leyes de Israel, y de la generosidad de Booz hacia Rut, Noemí se arriesga a abrigar de nuevo la esperanza. Ella y Rut necesitan un redentor con los medios, el corazón y la disponibilidad para rescatarlas a ellas y la tierra de sus esposos. Noemí elabora un valiente plan. ¿Se atreverá Rut a seguir las instrucciones de su suegra?

Quedaban seis semanas de cosecha de cebada. El grano recogido sería llevado al piso de trillar que estaba ubicado en la cima de una colina donde soplaba el viento. La costumbre es que hombres fornidos sacudían el grano para sacar la cascarilla. Después de recoger el grano, las familias traían comida para sentarse juntos a comer en el campo y celebrar la cosecha. En la noche, las familias regresaban a casa y los hombres se quedaban para proteger la cosecha. Dormían con sus cabezas hacia el grano y extendían hacia fuera los pies de tal modo que parecía una rueda.[3]

Nuestra historia continúa al final de la cosecha. Ya que no quedaba más trabajo por hacer. ¿Cómo sobrevivirían estas dos mujeres? Otra clase de hambre fue lo que impulsó el siguiente paso de fe.

Día uno
Escoge la vestidura de Dios

Mi amiga cruzó el Atlántico sentada en el avión junto a alguien que tenía un desagradable olor corporal. Los demás pasajeros se cubrían la nariz para intentar respirar. Un hombre corpulento se puso de pie, bajó su equipaje del compartimento superior, y roció desodorante en el pasillo y hacia el hombre que olía mal.

Puede que nos parezca extraño que Noemí haya mandado a Rut tomar un baño. Nuestra cultura espera que practiquemos el aseo personal con regularidad. Tal vez el agua era escasa en los años de hambruna. Puede ser que un baño fuera un lujo. Las culturas con acceso restringido al agua no comparten nuestros estándares de higiene.

Booz había visto a Rut sudando en los campos. Ahora ella quería ser algo más que una segadora. Quería ser su esposa. Había llegado el momento de vestirse para el papel que esperaba desempeñar. Ella no actuó de manera sugestiva. Su carácter y su amabilidad ya habían conquistado el corazón de Booz.

Las series populares de televisión revelan la obsesión de nuestra cultura con el atractivo sexual. Las relaciones que se basan principalmente en la atracción sexual soportan las tormentas con la misma resistencia del algodón de azúcar bajo la lluvia. Eso no significa que los seguidores de Cristo deban verse desaliñados. Mira los hermosos colores y diseños que eligió Dios para el arco iris, las flores, los peces, las plumas y el pelaje. Lo insulso y lo aburrido no expresan piedad.

Una muestra de respeto

Audrey Hepburn fue la inspiración para los diseños de trajes de baño de Jessica Rey. Esta diseñadora y actriz creó trajes de baño para mostrar que para vestirse con decoro no hay que sacrificar necesariamente el estilo.

Yo considero que el respeto es un principio básico del buen vestir. Vestirse con decoro demuestra respeto por:

- mí misma, como hija de Dios (Fil. 2:15);
- Dios, como su embajadora (2 Co. 5:20);
- otros, al guardarme de ofender, seducir o distraer (Fil. 2:3).

Vestirse de manera seductora atrae la atención indebida. Los hijos de Dios no son indigentes. Nuestro Pariente Redentor nos ama completamente. A Rut le faltaban muchas cosas, pero ella no estaba desesperada por llamar la atención ni por ganarse el afecto de Booz.

Algunas mujeres temen a la atención masculina. Esperan que una apariencia descuidada las haga invisibles. Aceptar la feminidad, en lugar de negarla o de ostentarla, demuestra respeto hacia el Creador de los géneros.

Lectura bíblica ....

RUT 3

Estudio y reflexión

Redimir, redentor y pariente redentor son términos que se derivan
de una palabra hebrea que se transcribe *gaal*. Un *gaal* actuaría como
pariente redentor casándose con la viuda de un hermano con el fin
de engendrar un hijo para él, redimir a la mujer de la esclavitud, o
para redimir la tierra.[4]

1. ¿Cómo trata Rut en 3:1-4 el tema del deseo de una mujer de
   pertenecer, de ser amada y de recibir sustento?

2. Las necesidades y los deseos nos recuerdan que necesitamos a
   Jesús. Subraya las frases que muestran cómo Dios quiere cuidar de ti. ¿Qué significa para ti personalmente cada versículo?

   a. "Porque yo sé los pensamientos que tengo acerca de vosotros,
      dice Jehová, pensamientos de paz, y no de mal, para daros el
      fin que esperáis" (Jer. 29:11).

   b. "El ladrón no viene sino para hurtar y matar y destruir; yo he
      venido para que tengan vida, y para que la tengan en abun-
      dancia" (Jn. 10:10).

   c. "El que no escatimó ni a su propio Hijo, sino que lo entregó
      por todos nosotros, ¿cómo no nos dará también con él todas
      las cosas?" (Ro. 8:32).

3. Según los siguientes versículos, ¿cómo se relacionan las instrucciones de Noemí para Rut (Rt. 3:3) con la manera como debemos acercarnos a nuestro Redentor? "Acercaos a Dios, y él se acercará a vosotros. Pecadores, limpiad las manos; y vosotros los de doble ánimo, purificad vuestros corazones... Humillaos delante del Señor, y él os exaltará" (Stg. 4:8, 10).

4. Todas hemos conocido personas que se veían bien hasta que abrieron su boca. Su ensimismamiento o irritabilidad acabaron con su atractivo inicial. De acuerdo con los siguientes versículos, ¿dónde radica la belleza verdadera?

a. "Y Jehová respondió a Samuel: No mires a su parecer, ni a lo grande de su estatura, porque yo lo desecho; porque Jehová no mira lo que mira el hombre; pues el hombre mira lo que está delante de sus ojos, pero Jehová mira el corazón" (1 S. 16:7).

b. "Vuestro atavío no sea el externo de peinados ostentosos, de adornos de oro o de vestidos lujosos, sino el interno, el del corazón, en el incorruptible ornato de un espíritu afable y apacible, que es de grande estima delante de Dios. Porque así también se ataviaban en otro tiempo aquellas santas mujeres que esperaban en Dios, estando sujetas a sus maridos" (1 P. 3:3-5).

5. Nuestro Redentor ha provisto las mejores "vestiduras" para nosotras. Descríbelas a partir del siguiente versículo: "porque me vistió con vestiduras de salvación, me rodeó de manto de

justicia, como a novio me atavió, y como a novia adornada con sus joyas" (Is. 61:10).

6. En la Biblia, las vestiduras representan hábitos. Aun hoy, se usa el término *hábito* para describir una prenda asociada con una acción. Piensa cómo el hábito de una monja y el traje de montar revelan algo acerca de quien los llevan puestos.[5] En los siguientes versículos, subraya lo que debemos quitarnos y lo que debemos ponernos. ¿Cómo lucirías tú estos hábitos?

a. "En cuanto a la pasada manera de vivir, despojaos del viejo hombre, que está viciado conforme a los deseos engañosos, y renovaos en el espíritu de vuestra mente, y vestíos del nuevo hombre, creado según Dios en la justicia y santidad de la verdad" (Ef. 4:22-24).

b. "Haced morir, pues, lo terrenal en vosotros: fornicación, impureza, pasiones desordenadas, malos deseos y avaricia, que es idolatría... en las cuales vosotros también anduvisteis en otro tiempo cuando vivíais en ellas. Pero ahora dejad también vosotros todas estas cosas: ira, enojo, malicia, blasfemia, palabras deshonestas de vuestra boca. No mintáis los unos a los otros, habiéndoos despojado del viejo hombre con sus hechos, y revestido del nuevo, el cual conforme a la imagen del que lo creó... Vestíos, pues, como escogidos de Dios, santos y amados, de entrañable misericordia, de benignidad, de humildad, de mansedumbre, de paciencia; soportándoos unos a otros, y perdonándoos unos a otros si alguno tuviere queja contra otro. De la manera que Cristo os perdonó, así también hacedlo vosotros. Y sobre todas estas cosas vestíos de amor, que es el vínculo perfecto. Y la paz de Dios gobierne en vuestros corazones, a la que asimismo fuisteis llamados en un solo cuerpo; y sed agradecidos. La palabra de Cristo more en abundancia en vosotros, enseñándoos y exhortándoos unos a otros en toda sabiduría, cantando con gracia en vuestros corazones al Señor con salmos e himnos y cánticos espirituales" (Col. 3:5, 7-10, 12-16).

Belleza que perdura

Margaret Meyers fue una de las mujeres más hermosas que he conocido. La pérdida de dos esposos y de sus dos piernas no habían apagado su encanto. Ella sabía lo que era realmente una vida en la pradera. Me fascinaban sus historias de cuando enseñaban en una pequeña escuela rural. Los himnos que interpretaba en su armónica acallaban mi espíritu. Su hermosa alma, como un roble que extiende sus ramas, se había vuelto más y más preciosa con el tiempo. En la celebración de su centésimo cumpleaños, la señora Meyers me sonrió y me saludó con auténtico deleite. Recitó el discurso de Gettysburg sin dificultad.

La señora Meyers siempre estaba limpia y peinada. Pero su atractivo, al igual que el de Rut, no se debía a sus perlas ni a su peinado. Su agraciada esencia me rodeaba como un perfume exquisito. Su espíritu me cautivaba.

Proverbios 31:20 dice: "Engañosa es la gracia, y vana la hermosura; la mujer que teme a Jehová, ésa será alabada". ¿Te has dado cuenta de que las villanas de los cuentos de hadas son por lo general bonitas y encantadoras? Usan su apariencia y sus palabras cautivadoras para embrujar a sus víctimas y ocultar sus motivos egoístas. La belleza bíblica irradia desde el interior. Las finas prendas del amor, la gratitud y la amabilidad reemplazan los harapos de la queja, la crítica y la inseguridad.

El atractivo sexual *versus* la belleza verdadera

Dios creó a las mujeres de tal modo que son atractivas para los hombres. Sin embargo, usar el atractivo sexual contra un hombre es algo execrable. La diseñadora Jessica Rey cita una investigación en la que la universidad de Princeton realizó escáneres del cerebro de hombres mientras miraban mujeres vestidas con diferente grado de cobertura. Los escáneres mostraron que cuando algunos hombres miran a una mujer con poca ropa, la parte de su cerebro que maneja pensamientos, sentimientos e intenciones se desactiva. Los analistas de la National Geographic concluyeron que los bikinis llevan a los hombres a ver a las mujeres como objetos o como algo que puede usarse, no como personas con las cuales se establece un vínculo.[6]

Kevin Fast dejó su comentario bajo el vídeo de Jessica Rey en godtube:

> Cuando un hombre ve a una mujer ligeramente vestida, su respuesta natural es excitación. Por su parte, las mujeres no son estimuladas por la vista sino más bien por el olor de un hombre, las caricias y el sonido de su voz. Las mujeres también necesitan más tiempo para excitarse. Los hombres ven a una mujer vestida de manera indecorosa y casi de inmediato se excitan.
>
> Si un hombre se dirigiera a una mujer en un lugar público y empezara a susurrar a su oído y a acariciar la piel que tiene expuesta, no solo ella se sentiría ofendida sino que reportaría la conducta de ese hombre para buscar una orden de alejamiento. La comunidad lo consideraría un pervertido y lo rechazaría. Sin embargo, muchas mujeres hoy se exhiben por doquier vestidas de tal modo que produce en los hombres las mismas respuestas, y por alguna razón eso se considera aceptable.[7]

No sé cuántas personas estarían de acuerdo con Kevin, pero vale la pena considerar su punto de vista. Puesto que hombres y mujeres estamos diseñados de manera diferente, es posible que las mujeres sin darse cuenta produzcan en los hombres un estrés innecesario con su revelador atuendo.

Rut no sedujo a Booz la noche en que ingresó al círculo de segadores. Booz no la habría llamado una mujer noble si ella hubiera hecho tal cosa.

El precio de la belleza

Las estadounidenses gastan billones de dólares cada año en belleza.[8] Además de dinero, invertimos tiempo y esfuerzo al cuidado de nuestro cabello, nuestra piel, nuestras uñas y nuestros armarios.

La belleza interior también tiene un precio. Jesús derramó su preciosa sangre para lavar nuestra horrenda culpa y vergüenza. Él conquistó la muerte para darnos una nueva esencia resplandeciente. Su sacrificio nos transformó en joyas preciosas. Las piedras preciosas deben desenterrarse, cortarse y pulirse para sacar su belleza. De lo contrario, a simple vista pueden parecer un trozo de vidrio.

Esto es lo que nos cuesta el proceso de ser pulidas:

- Tiempo para conocer mejor a Cristo
- Humildad para aprender sus caminos
- Aprender a andar por el Espíritu
- Perseverancia para cortar hábitos pasados y practicar nuevos
- Fe para descansar en su gracia

La recompensa es una transformación.

Dios ha provisto todo lo que necesitamos para reflejar su gloria. Nuestro pasado, nuestro temperamento e incluso nuestro mal humor ya no tienen el poder para subyugarnos. Cuando miramos a Jesús, Él nos transforma desde nuestro interior. Algunos esperan que el matrimonio los convierta en personas seguras y amorosas. Ir al altar no convierte a nadie en un ser amoroso y desinteresado. Sumergirnos en el profundo amor de Cristo y en su gracia nos transforma en criaturas realmente hermosas. ¿Alguna vez has pensado cómo tus decisiones afectan tu belleza eterna?

Quiero recordar...

Escribe unas frases de la lección de hoy que te ayuden a recordar lo que Dios te ha enseñado.

Día dos

Cómo identificar al hombre indicado

Cuando yo era soltera me preocupaba no encontrar jamás mi alma gemela. Solía pensar *si tan solo supiera que él está en alguna parte, dejaría de afanarme.* A diferencia de las mujeres en los tiempos de Rut, yo tenía una carrera que me permitía suplir mis necesidades. Pero yo era exigente.

Un hombre se veía perfecto, pero nada más en el papel. Teníamos intereses comunes. Él amaba al Señor. Pero cuando dijo que quería pasar toda su vida conmigo, me sentí asfixiada. Oré, analicé la situación y al final concluí que si Dios quería que yo me casara con aquel hombre, tendría que poner en mí el mismo deseo. Me sentí terrible el día que le dije que lo amaba como un hermano, pero que no quería casarme con él.

La semana siguiente, mi esposo apareció en mi vida. Era mi jefe durante el verano. Me hacía las preguntas más interesantes. Me llevó a un partido de baloncesto y a un parque de diversiones; lo cual no formaba parte de mi lista de actividades preferidas. Sin embargo, me hizo reír y pensar, y estaba enamorado de Cristo. Disfrutaba estar con él aunque no hiciéramos lo que más me gustaba. Cuando me preguntó si me casaría con él, no tuve que analizar las ventajas y las desventajas. Yo sabía que él era el hombre indicado. Nos casamos antes de finalizar ese año.

Estoy convencida de que Dios refrenó mi deseo en el caso del otro amigo con el fin de guardarme para Larry. Del mismo modo, Él probablemente guardó a Rut de seguir el consejo de Noemí de regresar a Moab. Elegir refugiarse bajo las alas de Dios es una cuestión práctica. Cuando recuerdo que Dios guía mis pasos y suple mis necesidades, incluso las necesidades emocionales, encuentro el valor para confiar en su dirección.

Rut no sabía si Booz iba a rechazarla. Después de todo, Moisés había prohibido la entrada de moabitas a la congregación del Señor durante diez generaciones. Mandó a Israel jamás procurar la prosperidad de ellos (Dt. 23:3-6). Para Rut ya era asombroso que Booz fuera amable con ella. ¿Por qué se interesaría este hombre en ella? Con todo, su fe le susurraba que *nada es demasiado difícil para Dios*. Ella decidió seguir las instrucciones de Noemí y dejó los resultados en manos de Dios.

Limpia y perfumada, Rut estuvo atenta al momento en el cual Booz se acostó a dormir. Cuando empezó a oír los ronquidos de los hombres agotados, silenciosamente se deslizó a los pies de Booz y se recostó. Con este gesto simbólico, ella le pidió a Booz que la redimiera: "Extiende el borde de tu capa sobre tu sierva, por cuando eres pariente cercano" (Rt. 3:9). La palabra hebrea *kanáf* que se emplea aquí para referirse al borde de su capa se traduce "alas" en la bendición anterior que pronunció Booz para Rut (Rt. 2:12).[9] De hecho, Rut le está diciendo: "refúgiame bajo tus alas".

El salmista usó la misma imagen para describir a Dios: "Con sus plumas te cubrirá, y debajo de sus alas estarás seguro; escudo y adarga es su verdad" (Sal. 91:4). Hoy veremos cómo Rut sigue la costumbre y la ley hebrea para buscar refugio bajo las alas de Booz.

Lectura bíblica...
RUT 3:5-18

Estudio y reflexión

1. La oscuridad de la noche dio a Booz la oportunidad de rechazar en privado a Rut. Haz una lista de las manifestaciones de respeto y cuidado de Booz para con Rut.

2. Una edición de la revista *People* ofrecía la lista de "los 100 solteros más cotizados". El artículo estaba repleto de fotografías de hombres sin camisa o con camisas desabotonadas. Yo no creo que Booz hubiera aparecido en esa lista. Por fortuna, Rut y Booz tenían una mejor escala de valores en lo que respecta a qué cualidades buscar en una pareja. ¿Qué cualidades de Rut parecían impresionar especialmente a Booz?

3. ¿Cómo protege Booz a Rut y su reputación (v. 14)?

4. ¿Qué te impresiona más acerca de Booz?

5. Un esposo debe amar a su esposa *como el Señor* amó a la iglesia. Con base en lo que has aprendido hasta ahora acerca de Booz, relaciona sus rasgos como cabeza de familia con la enseñanza de Jesús y la descripción que hace de sí mismo.

    a. "Venid a mí todos los que estáis trabajados y cargados, y yo os haré descansar. Llevad mi yugo sobre vosotros, y aprended de mí, que soy manso y humilde de corazón; y hallaréis descanso para vuestras almas; porque mi yugo es fácil, y ligera mi carga" (Mt. 11:28-30).

    b. "Entonces Jesús, llamándolos, dijo: Sabéis que los gobernantes de las naciones se enseñorean de ellas, y los que son grandes ejercen sobre ellas potestad. Mas entre vosotros no será así, sino que el que quiera hacerse grande entre vosotros será vuestro servidor, y el que quiera ser el primero entre vosotros será vuestro siervo; como el Hijo del Hombre no vino para ser servido, sino para servir, y para dar su vida en rescate por muchos" (Mt. 20:25-28).

6. ¿Por qué son importantes estos rasgos en un esposo?

7. Subraya los rasgos de nobleza de carácter que aparecen en los siguientes versículos:

a. "Oh hombre, él te ha declarado lo que es bueno, y qué pide Jehová de ti: solamente hacer justicia, y amar misericordia, y humillarte ante tu Dios" (Mi. 6:8).

b. "Porque: No adulterarás, no matarás, no hurtarás, no dirás falso testimonio, no codiciarás, y cualquier otro mandamiento, en esta sentencia se resume: Amarás a tu prójimo como a ti mismo. El amor no hace mal al prójimo; así que el cumplimiento de la ley es el amor" (Ro. 13:9-10).

c. "El amor es sufrido, es benigno; el amor no tiene envidia, el amor no es jactancioso, no se envanece; no hace nada indebido, no busca lo suyo, no se irrita, no guarda rencor; no se goza de la injusticia, mas se goza de la verdad. Todo lo sufre, todo lo cree, todo lo espera, todo lo soporta" (1 Co. 13:4-7).

d. "Pero es necesario que el obispo sea irreprensible, marido de una sola mujer, sobrio, prudente, decoroso, hospedador, apto para enseñar; no dado al vino, no pendenciero, no codicioso

de ganancias deshonestas, sino amable, apacible, no avaro"
(1 Ti. 3:2-3).

8. Si quieres casarte o tienes hijas o nietas que quieren casarse,
    considera en oración las características importantes de un
    buen esposo. Incorpóralas a tu lista de oración. Esto te guar-
    dará de dejarte llevar por el encanto pasajero. De igual modo,
    enumera las cualidades que quieres poseer como honorable
    mujer de Dios.

Cómo evitar al hombre equivocado

Barbara Nicolosi dijo que su madre le dio continuamente la siguiente
lista de "razones equivocadas para casarse": 1) Por aburrimiento; 2)
Porque quieres salir de casa; 3) Porque piensas que puedes salvarlo; 4)
Porque sientes curiosidad por el sexo; 5) Porque estás embarazada".[10]
He aquí cinco claves para elegir a un excelente candidato.

Carácter o química

"¿Debo salir con hombres que me atraen o con hombres que poseen
un carácter sólido?". Mi joven aconsejada no creía que fuera posible
tener ambas cosas.

Yo creo que sí se puede. Sin embargo, en todos los casos el carácter
triunfa sobre la química. La atracción puede crecer, pero el carácter
es difícil de cambiar. Las apariencias cambian con el deterioro y
con el paso del tiempo. Y recuerda que la Biblia dice que "engañosa
es la gracia". La persona con quien nos casamos va a afectarnos a
nosotras y a nuestras familias por el resto de nuestra vida. Es sabio
considerar a dónde nos llevará en los años venideros el carácter de
la persona con quien salimos. Permíteme ilustrarlo.

Estábamos construyendo nuestra casa en Raleigh cuando el huracán Fran arrasó en Carolina del norte. Nos acostamos a dormir en

117

nuestro apartamento con la esperanza de escapar de lo peor. Nos despertamos para ver desolación como nunca antes habíamos visto. Gracias a Dios que diecisiete pinos inmensos no cayeron sobre la habitación de mi hijo mientras dormíamos. Los cimientos de la casa que estábamos construyendo y que habíamos planeado con tanto cuidado entre dos robles, estaban bajo una belleza forestal centenaria que había caído sobre ellos.

Nos fuimos a dormir después de orar por nuestros vecinos en Carolina del sur, pensando que estábamos seguros. Nos despertamos y encontramos árboles que se sacudían y vientos tempestuosos, justo en medio de Fran. ¿Cómo podían estar tan equivocados los pronósticos del tiempo? Aprendimos que en el océano, lejos de allí, el huracán había girado hacia el norte unos pocos grados. Pareciera que unos pocos grados no cambia nada. Sin embargo, esos grados, proyectados a cientos de kilómetros, cambian por completo el estado del huracán.

Lo que sucede con las tormentas sucede también con las personas. Unos pocos grados de variación en el carácter, proyectados hacia el futuro, pueden cambiar la forma de ser de una persona más de lo que se cree.

¿Quién es la persona que se esconde tras esos encantos?

Relación o religión

Judith se frotó los ojos. "Luke iba a fiestas en la universidad, pero pensé que se había calmado después que nos casamos. Yo le dije que yo nunca me casaría con alguien que no fuera conmigo a la iglesia".

Los cónyuges de algunas esposas asistían a la iglesia durante el período de cortejo. Otros dirigían incluso ministerios universitarios. Estas mujeres se preguntan cómo alguien religioso es capaz de ser tan desagradable en privado. La advertencia de 2 Corintios 6:14: "No os unáis en yugo desigual con los incrédulos; ¿qué comunión [tiene] la luz con las tinieblas?" se refiere a la esencia de la persona, no a su profesión de fe. Hay una diferencia entre tener una religión y disfrutar una relación con Cristo.

Los fariseos, que eran los eruditos religiosos y los maestros de la Biblia en los días de Jesús, eran extremadamente religiosos. También hedían a fariseísmo y carecían de la marca de la verdadera fe: el amor a Dios y a las personas. ¿Evidencia esta persona que tiene una relación dinámica con Cristo?

Respeto o compasión

La compasión ha llevado a algunas mujeres a ignorar las señales de advertencia. *Cuando él sepa que es amado, cambiará,* piensan algunas. Si tenemos que buscar lo bueno en un candidato para casarnos o justificarle algo, es un mal candidato. Debemos enfrentar los hechos tal como son. Elige a alguien que respetas en lugar de elegir a alguien de quien te compadeces, o alguien a quien esperas cambiar. ¿Estoy con esta persona porque creo que va a cambiar?

Introspección o aislamiento

Una abuela cuya familia sufría a raíz de la separación de su nieta y un posible divorcio, me llamó. La serie de ofensas que el esposo de su nieta había cometido sacudieron a toda la familia.

"Mi esposo y yo nunca pudimos imaginarnos a nuestra nieta con este hombre —admitió—. Ahora sabemos que el resto de la familia se sentía igual. ¿Qué habría sucedido si hubiéramos dicho algo?".

Mi cuñado sí expresó su preocupación acerca de la relación cada vez más estrecha con un joven. Por separado, él dijo a su hija y al hombre que aunque le importaba el bienestar de él, no lo consideraba un candidato apto para su hija. Se ofreció para verse con él y aconsejarlo.

Ambos quedaron decepcionados, pero ahora su hija está felizmente casada con un hombre piadoso que es más idóneo para ella. Este padre sabio había edificado una relación sólida con su hija. Él sabía que ella, por encima de todo, quería lo mejor de Dios. Proverbios 12:15 dice: "El que obedece al consejo es sabio".

¿Soy receptiva al consejo sabio?

Enamorada de él o del matrimonio

Algunas mujeres se enamoran de la idea de casarse. El miedo de estar solas o el refrán de "nadie es perfecto" las enceguece para no ver los problemas que pueden sobrevenir.

Un cónyuge de carácter noble puede ser escaso, pero vale la pena la espera (Pr. 31:10). No te conformes con menos en la persona a quien eliges, o en la persona en la cual te conviertes.

¿Estoy tratando de forzar que el hombre incorrecto sea el indicado para mí?

Quiero recordar...

Escribe unas frases de la lección de hoy que te ayuden a recordar lo que Dios te ha enseñado.

Día tres

Busca el hombre de Dios

Cindy apretaba el pañuelo en su mano. "Había planeado romper con mi esposo cuando apenas salíamos juntos. Entonces recordé a David en la Biblia. Él tenía problemas. Mira el gran hombre de Dios que llegó a ser. Yo sabía que eso podía suceder en el caso de Mike". Después de cinco años de matrimonio y de un sinfín de sesiones con pastores y terapeutas, Mike no había cambiado, al menos no como Cindy lo había imaginado. "¿Por qué Dios no contesta mis oraciones?".

Tal vez te enseñaron a "creer lo mejor" de cada persona. Jesús nos mandó ser "prudentes como serpientes, y sencillos como palomas" (Mt. 10:16). David fue un hombre conforme al corazón de Dios antes de tener problemas. Cuando llegamos al capítulo sobre Betsabé, vemos que él tenía un corazón dispuesto. Nunca elijas tu pareja según lo que tú esperas que llegue a ser ni según lo que esa persona dice ser.

¿Qué clase de persona es en este momento? ¿Cuál es su historia? ¿Me gustaría que nunca cambiara? ¿Confío en que esa persona nos

dirija a mis futuros hijos y a mí? ¿Me gustaría que mis hijos fueran como él? Efesios 5 dice que una esposa debe respetar a su marido. Esa tarea es fácil cuando se casa con alguien a quien estima verdaderamente. Practicar el discernimiento en las relaciones es una iniciativa piadosa, no mezquina.

Cuando Larry y yo nos comprometimos, nuestro pastor nos preguntó si nos casaríamos aunque no fuéramos cristianos. Esa pregunta me sorprendió, pero entendí a qué se refería. Él no quiso decir que estuviera bien casarse con un incrédulo. Quería asegurarse de que yo amaba a Larry, no solamente los atisbos de Cristo en él.

Yo entendí por qué preguntó esto cuando empecé a viajar con Larry y visitamos al equipo ministerial viajando por nuestro país. Algunas esposas me confiaban sus problemas matrimoniales secretos. Una mujer me dijo que se había casado con su esposo porque Dios le había dicho a él que ellos debían casarse. Ella no se sentía atraída por él. Pero ¿cómo podía cuestionar la palabra que había recibido de Dios un líder espiritual? Dado que él era cristiano y estaba convencido de que Dios le había hablado, ella concluyó que su atracción aumentaría después de casarse. No fue así. Sus molestos hábitos la fastidiaban más y no menos después del matrimonio. Ella era infeliz.

Pablo escribió: "Porque hay un solo Dios, y un solo mediador entre Dios y los hombres, Jesucristo hombre" (1 Ti. 2:5). Debemos aprender a discernir su voz. No debemos permitir que otros nos manipulen con culpa o temor. Cristo no nos trata como marionetas. Cuando nos deleitamos en Él, nuestros deseos se conforman a los suyos. Somos atraídas hacia su voluntad perfecta (Sal. 37:4).

En el matrimonio es deseable que amemos la personalidad de nuestro esposo, sus valores y su estilo de vida. Los pequeños disgustos se agravan cuando nos afectan directamente.

Entra en el matrimonio con los ojos bien abiertos. Después habrá oportunidad de sobra para *amar por la fe*. Todos pasamos por momentos en los cuales nos fastidiamos mutuamente y actuamos de mala manera. Sin embargo, la idea es que en el matrimonio esa sea la excepción y no la regla.

El siguiente poema describe los rasgos que ayudan a identificar las intenciones como las de Booz y la de cualquier hombre.

Tenemos que enseñar a nuestras hijas la diferencia
    entre:
un hombre que la adula y un hombre que la elogia,
un hombre que gasta dinero en ella y un hombre que
    invierte en ella,
un hombre que la considera una propiedad y un hombre
    que la considera por lo que es,
un hombre que la desea y un hombre que la ama,
un hombre que se cree un regalo para las mujeres y un
    hombre que cree que ella es un regalo para él.
Además de esto, tenemos que enseñar a nuestros hijos a
    ser esa clase de hombre.
(Anónimo)

El trabajo redentor le corresponde a Booz. Rut puede descansar.

Lectura bíblica ....

RUT 3:18–4:12

DEUTERONOMIO 25:5-10
Cuando hermanos habitaren juntos, y muriere alguno de ellos, y no tuviere hijo, la mujer del muerto no se casará fuera con hombre extraño; su cuñado se llegará a ella, y la tomará por su mujer, y hará con ella parentesco. Y el primogénito que ella diere a luz sucederá en el nombre de su hermano muerto, para que el nombre de éste no sea borrado de Israel. Y si el hombre no quisiere tomar a su cuñada, irá entonces su cuñada a la puerta, a los ancianos, y dirá: Mi cuñado no quiere suscitar nombre en Israel a su hermano; no quiere emparentar conmigo. Entonces los ancianos de aquella ciudad lo harán venir, y hablarán con él; y si él se levantare y dijere: No quiero tomarla, se acercará entonces su cuñada a él delante de los ancianos, y le quitará el calzado del pie, y le escupirá en el rostro, y hablará y dirá: Así será

hecho al varón que no quiere edificar la casa de su hermano. Y se le dará este nombre en Israel: La casa del descalzado.

Estudio y reflexión

1. La puerta de la ciudad era en ese tiempo el equivalente de nuestros tribunales. Allí tenían lugar las transacciones legales y los negocios públicos. ¿Cómo maneja Booz los aspectos legales de la redención de Rut? (Rt. 4:1-6). ¿Qué revela su disposición en el asunto?

2. Booz quería casarse con Rut, pero un pariente más cercano tenía la prioridad para casarse con ella y tomar la tierra de su esposo. ¿Por qué crees que Booz mencionó el origen étnico de Rut? Lee lo siguiente: "no entrará amonita ni moabita en la congregación de Jehová, ni hasta la décima generación de ellos; no entrarán en la congregación de Jehová para siempre" (Dt. 23:3).

3. ¿Cómo pudo influir en la disposición de Booz para casarse con Rut el hecho de que fuera descendiente de Rahab?

4. Piensa cuán incómodo podría ser para Rut llevar a cabo lo estipulado en Deuteronomio 25:5-10 delante de una asamblea de ancianos. Cuando Booz habló con el pariente redentor que tenía prioridad, ¿qué hizo respecto a Rut y cómo la libró de ese bochorno?

5. A veces pareciera que acatar leyes y normas culturales es una pérdida de tiempo. Booz amaba a Rut, pero sabía que otro tenía derecho prioritario sobre ella y la propiedad familiar (Rt. 4:4). ¿Cómo demuestra fe en que Dios controla el desenlace final el hecho de someterse a las leyes y los protocolos? Lee el siguiente pasaje: "Sométase toda persona a las autoridades superiores; porque no hay autoridad sino de parte de Dios, y las que hay, por Dios han sido establecidas" (Ro. 13:1).

6. ¿Qué lecciones aprendes de los siguientes proverbios y cómo los aplicas a tu vida?

   a. "La suerte se echa en el regazo; mas de Jehová es la decisión de ella" (Pr. 16:33).

   b. "Como los repartimientos de las aguas, así está el corazón del rey en la mano de Jehová; a todo lo que quiere lo inclina" (Pr. 21:1).

7. ¿Cuáles son los descendientes de Rut y de Booz que hicieron ilustre a Belén? (Pista: lee Mateo 1:17 ¡y recuerda de quién es la genealogía que estamos estudiando!)

El carácter se demuestra mediante la amabilidad

Nuestro perro lanudo de nueve meses me mostró lo que quiere decir estar "enfermo como un perro". Llamé a Larry para comunicarle el informe del veterinario. "Max va a morir a menos que lo operemos".

"Un hombre es amable con su bestia. Haga la operación", dijo mi esposo.

Cuando yo acepté casarme con Larry, no hubiera podido prever todas las ocasiones en las cuales su carácter impresionó mi vida, ¡aun su manera de tratar a nuestras mascotas! Proverbios 12:10 dice: "El justo cuida de la vida de su bestia; mas el corazón de los impíos es cruel". La amabilidad es una cualidad esencial en el compañero de toda la vida.

Es útil que un hombre tenga conocimiento de la Biblia, pero el solo conocimiento envanece (1 Co. 8:1). La amabilidad y el hambre de Dios revelan el corazón. ¿Quiere él conocer mejor a Dios y su Palabra? ¿Muestra el mismo carácter alrededor de sus amigos que con tus amigos cristianos? ¿Cómo trata a los ancianos, a los niños, a los enfermos, a sus padres y a los meseros en el restaurante? No tiene que ser un amante de los animales, pero ¿es amable con ellos? ¿Es generoso con su tiempo, con su talento y sus recursos? Nos hacemos una idea de la salud de la raíz cuando probamos el fruto.

Rut y Booz demostraron cada uno como individuos amor por Dios y amabilidad hacia el prójimo. Su reputación noble fue su carta de presentación.

Quiero recordar...

Escribe unas frases de la lección de hoy que te ayuden a recordar lo que Dios te ha enseñado.

Día cuatro

Reconoce la bondad inquebrantable de Dios

El agente inmobiliario encargado de la venta de nuestra casa era además el dueño del lote que queríamos comprar. Él prometió reservarlo hasta que vendiéramos la casa. Nosotros limpiamos y ordenamos todo para dejar lista nuestra casa y ponerla a la venta. Antes de que la primera persona tuviera la oportunidad de ver nuestra casa, nuestro agente llamó para decirnos que ya había vendido *nuestro* lote a otra persona. ¿Cómo manejas las decepciones? Tengo que recordarme a mí misma que Dios es más grande que mi desilusión.

Si Rut hubiera dado a luz en su primer matrimonio, la ley del levirato (Dt. 25:25) no habría funcionado en su caso.[11] El objetivo de esta ley era "levantar una simiente al hermano difunto".[12] El pariente que era más cercano antes que Booz hubiera podido comprar la tierra sin casarse con Rut. El hecho de no tener hijo guardó a Rut y la tierra para Booz. A veces no reconocemos la intervención de Dios en nuestra vida sino mucho tiempo después.

Tuvimos que esperar algunos años más antes de encontrar el lote indicado. Sin embargo, durante la espera, aclaramos nuestras ideas acerca de lo que queríamos y encontramos un mejor lote y un mejor diseño para la casa. Dios usó para nuestro bien la promesa que nuestro agente había incumplido.

Lectura bíblica ....

RUT 4:13-22

Estudio y reflexión

1. ¿Por qué Rut pudo concebir ahora (Rt. 4:13)?

2. Booz se convirtió en el pariente redentor de Rut. Según los versículos 13-15, ¿qué pariente redentor le dio Dios a Noemí, y qué hizo él por ella?

3. Noemí dijo a las mujeres de Belén que ella había regresado vacía. ¿Cómo describen las mujeres el valor de Rut para Noemí (Rt. 4:15)? En la Escritura, el siete representa a menudo el número perfecto.

4. ¿En qué aspecto sientes que tu vida está vacía? ¿Qué bendición podrías estar pasando por alto?

5. ¿Qué nuevo papel le fue asignado a Noemí (Rt. 4:16)?

6. Recuerda el estado en el cual Noemí regresó a Belén. El hambre impulsó a Rut a buscar trabajo en los campos de cebada. Seis semanas después, la cosecha de cebada terminó. ¿Cómo ha cambiado la vida de Noemí desde que la conocimos?

7. Al recordar de dónde salieron Rut y Noemí, ¿qué lecciones has extraído de sus historias?

Grande es tu fidelidad

¿Qué anhelas? ¿Seguridad, paz mental, salud, gozo, un compañero, un bebé? Cuando nos sentimos desesperanzadas, nuestra tendencia es buscar sustancias, relaciones y actividades que llenen temporalmente nuestro vacío. Después nos sentimos más vacías que antes. Noemí pensó que estaba vacía cuando salió de Belén, pero en retrospectiva se dio cuenta de que había "salido llena y regresado vacía".

Diez años de carencias, pérdidas y sufrimiento convencieron a

Noemí de que Dios se había vuelto contra ella. Se sintió abandonada por Dios y pensó que un esposo de Moab era la única opción para que Rut viviera segura. Rut la sorprendió cuando buscó refugio en las alas de Dios y le ofreció a Noemí su compañía. Semanas después que Noemí regresó a su casa desde Moab, experimentó un giro de 180 grados en sus circunstancias. Después de todo, Noemí no había regresado vacía. Su joven acompañante demostró ser de gran valor. Ella no solo proveyó alimento para Noemí, sino que conquistó el corazón del noble Booz que las rescató a ambas.

Dios recompensó abundantemente la fe de Rut y su dedicación a Noemí. La historia de Rut tiene un mejor final que cualquier novela de Jane Austen. Rut se casa con el hombre honorable que la ama profundamente. Noemí se convierte en una feliz abuela con una nueva vida para nutrir. Obed, el bebé de Rut y Booz, llegará a ser el abuelo del rey David y antepasado del Rey de reyes. ¡Qué historia tan espectacular de nuestro maravilloso Dios!

Quiero recordar...

Escribe unas frases de la lección de hoy que te ayuden a recordar lo que Dios te ha enseñado.

Día cinco

Goza de la provisión de Dios

Noemí era la suegra de Rut del primer matrimonio de ella. ¿Era también Rahab suegra de Rut? Mateo 1:5 llama a Rahab madre de Booz. Rahab se casó con Salmón a comienzos de la conquista de Israel de la tierra prometida, mientras que Rut vivió hacia finales del período de los jueces. Algunos creen que hay un lapso de casi trescientos años entre Rahab y Rut, lo cual indica que es más probable que Rahab fuera antepasado de Booz y no su madre.[13]

Esto no hace que el texto bíblico sea poco fiable. La Biblia usa con frecuencia el término "padres" para referirse a los antepasados.

Mateo 1:1 dice: "Libro de la genealogía de Jesucristo, hijo de David, hijo de Abraham". A simple vista, este versículo abarca tres generaciones. Sin embargo, sabemos que hay muchas generaciones entre Abraham y David, y entre David y Jesús. Mateo 1:8 excluye los nombres de Ocozías (2 Cr. 22:1), Joás (2 Cr. 22:11) y Amasías (2 Cr. 24:27), que vivieron entre Joram y Uzías. Es característico del pasaje omitir generaciones y que Rahab sea ancestro de Booz. Ya sea que Rahab fuera la madre, la abuela o la bisabuela de Booz, su vida influyó en Booz. Él demuestra una compasión extraordinaria hacia esta joven extranjera. Es evidente que Dios quiere que nosotras sepamos que en su familia hay lugar para los marginados. Él escogió a Rahab y a Rut, ambas originarias de dos enemigos diferentes de Israel, para incluirlas en la genealogía de su Hijo.

"Providencia" es un nombre para Dios. "Proveer" constituye la esencia de este nombre. Dios provee lo necesario a quienes le siguen, sin importar cuán desamparados o indignos sean.

Lectura bíblica ....

MATEO 1:5
Salmón engendró de Rahab a Booz, Booz engendró de Rut a Obed, y Obed a Isaí.

DEUTERONOMIO 23:3
No entrará amonita ni moabita en la congregación de Jehová, ni hasta la décima generación de ellos.

NEHEMÍAS 13:1-3
Aquel día se leyó en el libro de Moisés, oyéndolo el pueblo, y fue hallado escrito en él que los amonitas y moabitas no debían entrar jamás en la congregación de Dios, por cuanto no salieron a recibir a los hijos de Israel con pan y agua, sino que dieron dinero a Balaam para que los maldijera; mas nuestro Dios volvió la maldición en bendición. Cuando oyeron, pues, la ley, separaron de Israel a todos los mezclados con extranjeros.

ISAÍAS 56:1-3, 6-8

Así dijo Jehová: Guardad derecho, y haced justicia; porque cercana está mi salvación para venir, y mi justicia para manifestarse. Bienaventurado el hombre que hace esto, y el hijo de hombre que lo abraza; que guarda el día de reposo para no profanarlo, y que guarda su mano de hacer todo mal.

Y el extranjero que sigue a Jehová no hable diciendo: Me apartará totalmente Jehová de su pueblo... Y a los hijos de los extranjeros que sigan a Jehová para servirle, y que amen el nombre de Jehová para ser sus siervos; a todos los que guarden el día de reposo para no profanarlo, y abracen mi pacto, yo los llevaré a mi santo monte, y los recrearé en mi casa de oración; sus holocaustos y sus sacrificios serán aceptos sobre mi altar; porque mi casa será llamada casa de oración para todos los pueblos.

Dice Jehová el Señor, el que reúne a los dispersos de Israel: Aún juntaré sobre él a sus congregados.

Estudio y reflexión

1. Los moabitas estaban excluidos de la congregación de Dios.

   a. Describe la excepción que Dios estableció en Isaías 56.

   b. ¿Cómo se aplica esto a Rut?

   c. ¿Cómo se aplica esto a ti?

2. Booz vio el corazón que tenía Rut para Dios y para Noemí. Él redimió la tierra de ellas, las libró de la pobreza y proveyó para ellas seguridad y un heredero. Según este versículo, ¿de qué nos ha redimido Cristo y qué le costó a Él?

"Cristo nos redimió de la maldición de la ley, hecho por nosotros maldición (porque está escrito: Maldito todo el que es
colgado en un madero)" (Gá. 3:13).

3. ¿Qué cambia la redención de Cristo en nosotras? "Justificados,
pues, por la fe, tenemos paz para con Dios por medio de nuestro Señor Jesucristo; por quien también tenemos entrada por la
fe a esta gracia en la cual estamos firmes, y nos gloriamos en la
esperanza de la gloria de Dios" (Ro. 5:1-2).

4. En el libro de Rut, ¿con quién te identificaste más: con Rut,
Noemí o Booz? ¿Por qué?

5. ¿Qué aprendes acerca de Dios a partir de nuestro estudio
sobre Rut?

6. ¿Qué te bendice más de lo que aprendiste sobre Rut y Noemí?

7. Escribe en qué área confías que Jesús supla tu necesidad.
Empieza a anotar versículos que dan respuesta a tu sed.

Cuando te sientes vacía... Más lecciones de Rut

Érase una vez que Dios miraba desde el cielo y escogió una familia
para que lo representara al mundo entero. La familia se convirtió
en una nación. Sus números asustaron al rey de la tierra en la que

vivían. El rey los convirtió en esclavos, los forzó a hacer un trabajo agotador, y empezó a asesinar a sus bebés. Cuando Dios escuchó su dolor, su corazón se conmovió. Les envió un liberador. Esto desencadenó una gran batalla. Dios derrotó al malvado rey y a sus dioses. Él sacó a su pueblo especial para que pudieran adorarlo. Les dio mandamientos sagrados que contenían los secretos para la vida y la prosperidad. Les advirtió que infringirlos les causaría gran aflicción y arruinaría sus vidas (Dt. 28:15-24). Una pequeña aldea en la nueva tierra encerraba una promesa especial. Dios dijo que su propio hijo, el liberador del mundo, nacería en Belén (Mi. 5:2). Jesús, "el pan de vida", vendría de Belén, "la casa de pan".

Por desdicha, la familia especial de Dios dio la espalda a su Liberador. Quebrantaron sus mandamientos y rompieron su corazón. La casa de pan se volvió estéril. El hambre se convirtió en un recordatorio constante de su locura.

El hambre es un gran motivador. Dios lo usa para hacer volver en sí a los hijos pródigos. Nos invita a volver a nuestro Padre celestial que espera limpiarnos y restaurarnos. El hambre nos recuerda a diario nuestra necesidad diaria de ser llenos de Cristo. El hambre llevó a Elimelec de la tierra prometida a una nación pagana. La promesa de comida en Belén llevó a Noemí de regreso a casa. El hambre de Rut la llevó a los campos de cebada de Booz, donde descubrió mucho más que las raciones diarias de alimento.

Dios nos hizo con necesidades para que lo necesitemos. No fuimos creados para ser autosuficientes. El hambre nos recuerda que debemos comer. El vacío emocional nos recuerda que necesitamos el pan de vida (Jn. 6:48).

¿Cómo satisfaces tus anhelos?

¿Cómo tratas de llenar tu vacío cuando te sientes vacía o sola? Este dolor constante debe recordarnos la promesa del Salmo 23:1: "Jehová es mi pastor; nada me faltará". Y Jesús dijo: "Bienaventurados los que tienen hambre y sed de justicia, porque ellos serán saciados" (Mt. 5:6).

Al igual que Rut y Noemí, podemos experimentar gozo y satisfacción en esta vida. Sin embargo, debemos guardarnos mientras esperamos que eso suceda. Cualquier imitación barata de la provisión de Dios arruinará nuestro apetito por Cristo del mismo modo que la comida chatarra echa a perder el apetito por la comida nutritiva.

Las primeras tres mujeres que aparecen en la genealogía de Jesús eran gentiles. Ellas son la demostración del gran amor de Dios hacia las mujeres comunes. Booz constituye otra representación del gran corazón que tiene nuestro Pariente Redentor para con nosotras.

Hay una razón por la cual nos encantan los cuentos de hadas. Son representaciones de la historia de Dios. El rey Jesús azotó al dragón Satanás para rescatarnos cuando éramos prisioneras advenedizas en las garras del diablo. Un día, Jesús nos llevará a su castillo más allá de las nubes, donde viviremos felices para siempre.

Quiero recordar...

Escribe unas frases de la lección de hoy que te ayuden a recordar lo que Dios te ha enseñado.

Peticiones de oración

Anota aquí las peticiones de oración de tu grupo.

_____

_____

_____

_____

_____

_____

Un Dios más grande que mis problemas

Cuando necesitas tomar un baño urgente

Betsabé significa "hija de un juramento" o "hija de riqueza".

Betsabé encogió sus oscuras cejas y miró de nuevo a los dos hombres que esperaban en la entrada para escoltarla hasta el palacio del rey David. ¿Por qué la había llamado? ¿Le había sucedido algo a Urías?

"¿FUI VIOLADA?", PREGUNTABA UNA JOVEN DE DIECISÉIS AÑOS EN una columna de consejería. Se había encontrado con el amigo de su hermano mayor de diecinueve años. A ella le pareció atractivo. Él la besó. A ella le gustó, pero no quería ir más allá de eso y lo dijo. Tuvieron relaciones sexuales.

"Yo seguía pensando: '¡Detente! ¡Detente! ¡Detente!', pero no lo dije. No sé por qué. Me sentí asustada y tímida… me sentí demasiado asustada para decirle que se detuviera. También me siento tonta" —continuó.

"La amiga de mi mamá dice que fui violada… ¿Fui violada? No quiero ir a la policía. Solo quiero saber la respuesta. —Muy Triste".[1]

Me pregunto si fue así como se sintió Betsabé. Tres generaciones de su familia cercana sirvieron al rey David, entre ellos su esposo, Urías heteo. El profeta Natán dejó muy claro en su historia acerca del incidente que Urías y Betsabé habían gozado de una relación cercana y amorosa. Ella probablemente era una adolescente, o estaba a comienzos de la veintena, cuando David la llamó. Él tenía cincuenta o más años.

El rey David, su soberano, no era cualquier rey. Era un poderoso guerrero, un poeta apuesto y un hombre respetado conforme al corazón de Dios. Tenía el poder estelar combinado de una estrella de cine, un deportista, un héroe de guerra y un célebre cantante cristiano de nuestros días. David era su pastor. Él había reinado sobre Israel aproximadamente veinte años (quizá durante toda la vida de Betsabé), cuando empezó esta historia.

En 2 Samuel 11 se relata la famosa y trágica historia de la caída de David con Betsabé. Las azoteas de las casas particulares eran patios cerrados y se usaban como parte del espacio destinado a vivienda. El palacio de David estaba ubicado de tal modo que permitía divisar las viviendas abajo, lo cual facilitó que él viera a Betsabé en sus aposentos privados.

"David se levantó en la noche". Eso podía significar atardecer o noche. Tal vez la oscuridad sirvió de cómplice para que David siguiera observando a Betsabé mientras se bañaba. Job 24:15 dice: "El ojo del adúltero está aguardando la noche, diciendo: No me verá nadie; y esconde su rostro". David avanzaba hacia el sendero del adulterio.

La Escritura dice que los mensajeros de David la tomaron. "Tomar" es la palabra hebrea *lacákj*, que significa tomar, agarrar, apresar, capturar, raptar o prender.[2] Imagina cómo sería que los hombres del rey te saquen de tu casa en la noche. No se relata lo que ella pensó ni los detalles que siguieron, pero el profeta Natán le comunicó a David que Dios lo vio todo y la perspectiva divina de lo sucedido.

Cuando lees la historia de Betsabé, creo que estarás de acuerdo con que a la luz de la aflicción, la pérdida y la vergüenza asociadas con su encuentro con David, el hecho de que Betsabé superara esta tragedia para convertirse en su reina estimada es un algo extraordinario. Para quienes han padecido el dolor punzante de la traición o la aflicción de perder a un ser querido por cuenta del pecado de otro, la historia de Betsabé ofrece esperanza.

Día uno

¿Puede caer la gente buena?

Lectura bíblica ....

2 SAMUEL 11

Estudio y reflexión

1. A pesar del hecho de que Urías era un heteo, su nombre significa "Yahvé es mi luz". Yahvé es otro nombre para Jehová Dios. ¿Qué parece indicar el nombre de Urías acerca de él o de su familia?

2. David significa "amado". Compara el carácter de Urías con el de David según se observa en 2 Samuel 11.

3. Años después, un censo reveló que Israel tenía más de un millón de guerreros (1 Cr. 21:5-6). ¿Qué revelan los siguientes versículos acerca del esposo de Betsabé, Urías, y de su padre, Eliam? "Estos son los nombres de los hombres valientes de David… Eliam hijo de Ahitofel, gilonita… Urías heteo" (1 S. 23:8a, 34, 39).

4. ¿Qué importancia crees que tiene el hecho de que Mateo recordara a Betsabé como la esposa de Urías? "David engendró a Salomón de la que fue mujer de Urías" (Mt. 1:6).

5. ¿Cómo reaccionó Betsabé a la noticia de la muerte de su esposo (2 S. 11:26)?

6. ¿Qué pensó Dios acerca de los actos "secretos" de David (2 S. 11:27)? ¿Qué advertencia o consuelo puedes sacar de esto?

Todos necesitamos ser limpiados

David, ¿por qué hiciste esto? ¡Eras nuestro héroe! Fuerte y valiente enfrentaste a Goliat con una honda. Eras el tierno poeta y músico que escribió nuestros salmos favoritos. ¿Cómo pudiste caer tan bajo?

Si David hubiera podido ver a dónde lo llevaría su pecado, habría huido al campo de batalla para evitar la tentación. Puede que no fallemos del mismo modo que David, pero todos pecamos. Y todo pecado es grave. El pecado altera nuestro futuro. Estoy segura de que Adán y Eva no habrían podido comprender las consecuencias futuras de haber comido del fruto prohibido. Dios había prohibido ese fruto en particular con el ánimo de proteger a Adán y Eva, y a nosotras. Nosotras, sus hijas, todavía cargamos con las consecuencias de su pecado, como tuvo que sufrirlo la familia de David.

Todos debemos ser diligentes en proteger nuestro caminar con Dios. Si David pudo caer, nosotras también. Si Dios pudo restaurar a David, puede restaurarnos a nosotras cuando provocamos desastres y lastimamos a otros. Y Él puede quitar la mancha de los pecados que otros cometen contra nosotras.

Quiero recordar...

Escribe unas frases de la lección de hoy que te ayuden a recordar lo que Dios te ha enseñado.

Día dos

¿Es el pecado tan malo?

El poder infló el ego de David. Era rey. ¿Quién se atrevería a cuestionarlo? Es indudable que el embarazo de Betsabé era una molestia. Puesto que David no pudo refrenar sus propias pasiones infieles, estaba seguro de que Urías expresaría su legítimo deseo sexual hacia su esposa. De ese modo podría encubrir su falta. Todos darían por hecho que el hijo era de Urías. O eso debió maquinar David. Pero nadie elude las consecuencias del pecado.

El libro de Santiago dice que el pecado que se consuma da a luz la muerte. Esto no significa que alguien caiga muerto cada vez que peca. El pecado de David causó varias muertes en esta historia, pero la muerte tiene un significado más amplio que el fin de la vida física.

Piensa en la muerte como una separación en lugar de destrucción. En Génesis, Dios prohibió al primer hombre, Adán, que comiera del árbol del conocimiento del bien y del mal, "porque el día que de él comieres, ciertamente morirás" (Gn. 2:17). Aunque Adán vivió físicamente cientos de años más, murió espiritualmente el día en que comió del árbol prohibido. El hecho de que Dios expulsó a Adán y a Eva ilustra gráficamente la distancia que interpuso el pecado en su relación.

La muerte física también trae separación. El difunto queda separado de aquellos que quedan en la tierra, pero no cesa de existir. El cuerpo retorna a la tierra y el alma del creyente pasa a estar con Dios. Por eso, el apóstol Pablo podía decir que prefería "estar [ausente] del cuerpo, y [presente] al Señor" (2 Co. 5:8).

El pecado mata la cercanía y la confianza en nuestras relaciones con Dios y con los demás. Tal vez has experimentado la distancia que pone el pecado en una relación. El pecado sin confesar puede hacer que Dios se sienta distante, lo cual constituye otra razón para reconocer la falta tan pronto como somos conscientes de ella, a fin de poder ser limpiadas.

Lectura bíblica ....

2 SAMUEL 11:1-17

2 SAMUEL 12:14, 18

SANTIAGO 1:13-16

Cuando alguno es tentado, no diga que es tentado de parte de Dios; porque Dios no puede ser tentado por el mal, ni él tienta a nadie; sino que cada uno es tentado, cuando de su propia concupiscencia es atraído y seducido. Entonces la concupiscencia, después que ha concebido, da a luz el pecado; y el pecado, siendo consumado, da a luz la muerte. Amados hermanos míos, no erréis.

Estudio y reflexión

1. Relaciona Santiago 1:13-16 con la caída de David.

2. ¿Cómo pudo un hombre conforme al corazón de Dios instigar la traición descrita en 2 Samuel 11:4-18? Considera el siguiente pasaje: "Mirad, hermanos, que no haya en ninguno de vosotros corazón malo de incredulidad para apartarse del Dios vivo; antes exhortaos los unos a los otros cada día, entre tanto que se dice: Hoy; para que ninguno de vosotros se endurezca por el engaño del pecado".

3. Proverbios 28:13 nos dice: "El que encubre sus pecados no prosperará; mas el que los confiesa y se aparta alcanzará misericordia".

   a. En una caída, ¿cuál es el mejor momento para confesar?

   b. ¿Qué sucede cuando tratamos de encubrir nuestros pecados?

4. No todos los intentos por ocultar nuestra culpa son crueles. A veces encubrimos nuestros pecados con regalos o con buen comportamiento. A veces culpamos a otros o justificamos nuestras acciones.

   a. ¿De qué maneras has intentado encubrir el pecado o has visto que otros tratan de hacerlo?

   b. ¿Cuál es la diferencia entre confesar o decir "yo lo hice" en lugar de decir "lamento que te sientas así"?

Nadie elude las consecuencias del pecado

El pecado daña a personas inocentes tanto como al ofensor. Simplemente no es cierto que nadie llegue a saber o a ser lastimado cuando pecamos. Mañana veremos cómo escapar de la seducción de la tentación.

Quiero recordar...

Escribe unas frases de la lección de hoy que te ayuden a recordar lo que Dios te ha enseñado.

Día tres

¿Cómo podemos escapar de la trampa del pecado?

David pudo haberse detenido en muchas ocasiones antes de lanzarse al abismo de pecado. Para empezar, si hubiera estado en la guerra con su ejército como lo exigía su deber real, no habría sido tentado. Pero David se quedó en casa. Además de eso:

- Continuó mirando a Betsabé mientras se bañaba
- indagó acerca de ella
- mandó llamarla
- se acostó con ella
- trató de encubrir su falta
- mandó matar a Urías

¡Si tan solo hubiera estado cumpliendo su deber o hubiera detenido el desastre apenas comenzó!

Dios *siempre* provee una vía de escape de la tentación. Cuanto más temprana es la salida, menos complicado es el proceso y menos remordimientos tendremos. Pero, sin importar cuán profundo hayamos caído en nuestro pecado, siempre es mejor volvernos a Dios y confesar, en lugar de tratar de ocultar nuestra caída con más faltas. Dios nos ayudará a enfrentar nuestras consecuencias y nos limpia *cuando* volvemos a Él.

Lectura bíblica ....

2 SAMUEL 11:1-16

Estudio y reflexión

1. Según este versículo, ¿qué promete proveer Dios cuando somos tentadas? "No os ha sobrevenido ninguna tentación que no sea humana; pero fiel es Dios, que no os dejará ser tentados más de lo que podéis resistir, sino que dará también

juntamente con la tentación la salida, para que podáis soportar" (1 Co. 10:13).

2. Sugiere vías de escape en cada escalón descendente en la estrepitosa caída de David, desde su descanso en casa en vez de ir a la guerra hasta la carta que envió a Joab (2 S. 11:1-16).

3. David se enredó más y más con cada paso que daba.

a. ¿Crees que David se imaginó alguna vez que su camino llevaría al asesinato a sangre fría de uno de sus valientes fieles?

b. ¿Qué aprendes de esto?

4. ¿Qué advertencias nos dan los siguientes versículos acerca de obedecer tus deseos pecaminosos?

a. "Jesús les respondió: De cierto, de cierto os digo, que todo aquel que hace pecado, esclavo es del pecado" (Jn. 8:34).

b. "¿No sabéis que si os sometéis a alguien como esclavos para obedecerle, sois esclavos de aquel a quien obedecéis, sea del pecado para muerte, o sea de la obediencia para justicia?" (Ro. 6:16).

5. Cuando David sacó a Betsabé de su casa para satisfacer su lujuria, estaba en la cima de su carrera. Tenía éxito, fama, fortuna y poder. Parecía intocable. ¿Qué advertencia tomas para ti a partir de los siguientes versículos?

   a. "Y estas cosas les acontecieron como ejemplo, y están escritas para amonestarnos a nosotros, a quienes han alcanzado los fines de los siglos. Así que, el que piensa estar firme, mire que no caiga" (1 Co. 10:11-12).

   b. "Sabed que vuestro pecado os alcanzará" (Nm. 32:23).

6. ¿Qué esperanza te inspira el siguiente pasaje? "Porque no tenemos un sumo sacerdote que no pueda compadecerse de nuestras debilidades, sino uno que fue tentado en todo según nuestra semejanza, pero sin pecado. Acerquémonos, pues, confiadamente al trono de la gracia, para alcanzar misericordia y hallar gracia para el oportuno socorro" (He. 4:15-16).

7. A partir del siguiente pasaje, ¿cuál es la parte que nos corresponde para escapar de la tiranía del pecado? "Hablo como humano, por vuestra humana debilidad; que así como para iniquidad presentasteis vuestros miembros para servir a la inmundicia y a la iniquidad, así ahora para santificación presentad vuestros miembros para servir a la justicia. Porque cuando erais esclavos del pecado, erais libres acerca de la justicia. ¿Pero qué fruto teníais de aquellas cosas de las cuales ahora os avergonzáis? Porque el fin de ellas es muerte" (Ro. 6:19-21).

Nuestro sumo sacerdote da gracia

Cuando cedemos a la tentación le damos al pecado mayor control sobre nuestra vida. Antes de que nos demos cuenta, nos hemos convertido en sus marionetas. Pero hay esperanza. Cuando obedecemos a Cristo, le damos más control. Cuanto más le obedecemos, más fácil es resistir al pecado y hacer lo correcto.

Jesús fue tentado más que cualquiera de nosotras. Sudó sangre en su lucha por resistir el pecado. ¡Y salió victorioso! Permaneció en la cruz cuando pudo haber bajado en cualquier momento. Pagó la condena por nuestro pecado. Venció la muerte.

Cuando seas tentada no huyas de Dios sino acude a Él. Él te ayudará a resistir. Cuando falles, corre a Él; Él te limpiará. Él nunca te dejará cuando enfrentes una lucha o después de haber fallado. Acércate a Él, resiste la tentación y encuentra la gracia que necesitas.

Quiero recordar...

Escribe unas frases de la lección de hoy que te ayuden a recordar lo que Dios te ha enseñado.

Día cuatro

¿Es posible engañar a Dios?

Nada hay encubierto, que no haya de ser manifestado; ni oculto, que no haya de saberse.

—Mateo 10:26

Nadie, ni siquiera un rey poderoso, puede eludir las consecuencias del pecado. Puesto que Dios ama a sus hijos, Él saca a la luz nuestro pecado y nos lleva a enfrentarlo. Esta es una gracia rigurosa que nos libra de su control. La manera como reaccionamos a dicha exposición del pecado revela mucho acerca de la verdadera condición de nuestro corazón. Observa cómo David reacciona a la confrontación del profeta.

Lectura bíblica ....

2 SAMUEL 12:1-15

Estudio y reflexión

1. ¿Qué personajes de la historia de Natán representan a David, Betsabé y Urías?

2. Describe la relación entre el hombre pobre y su única oveja (2 S. 12:3).

3. ¿Qué sugiere esta comparación acerca de la relación de Urías con Betsabé?

4. Con base en el relato de Natán, ¿qué culpa atribuye Dios a Betsabé? ¿La describe como responsable, cómplice o víctima?

5. Según los versículos 7-10, ¿a quién responsabilizó Dios?

6. Las analogías son descripciones gráficas que nos ayudan a entender una situación. ¿Cómo explica la historia de Natán los sucesos ocurridos en 2 Samuel 11:1-27?

7. ¿Cómo muestra Natán que Dios se interesaba tanto en el disfrute como en las necesidades de David (2 S. 12:7-8)?

8. En tiempos de David, a un rey le parecía poca cosa lanzar a un profeta al calabozo si no le gustaban las palabras del profeta. ¿Qué revelan acerca de David las palabras de Natán "tú eres aquel hombre" (2 S. 12:13)?

Señales de velocidad y profetas

Yo tengo la tendencia a conducir rápido. Me gusta obedecer el límite de velocidad y así me parece que conduzco, hasta que me encuentro con una de esas señales estacionadas que proyectan en una pantalla tu velocidad con números grandes. Aplico el freno y observo si hay un agente de la policía.

Los buenos conductores aceleran cuando no son conscientes de la velocidad, y las personas buenas pecan cuando no están en comunión con Dios. Las señales de velocidad y la Palabra de Dios nos muestran que estamos por fuera de los límites, con el propósito de encaminarnos de nuevo. Un alma sabia oye la advertencia y cosecha los beneficios.

Quiero recordar...

Escribe unas frases de la lección de hoy que te ayuden a recordar lo que Dios te ha enseñado.

Día cinco

¿Cómo puede limpiarse una conciencia contaminada?

¿Te atormentan tus errores pasados? ¿Te sientes herida por el pecado que alguien cometió contra ti? La caída y la recuperación de David nos sirven tanto de advertencia como de instrucción. Un hombre o una mujer conforme al corazón de Dios es susceptible de caer. Sin embargo, también puede ser restaurado. David no era un mal hombre. Era un buen hombre que permitió que la lujuria tomara el control de su vida temporalmente. Su caída trajo consecuencias devastadoras para muchas personas. No obstante, su verdadera naturaleza volvió a manifestarse cuando fue confrontado con su pecado. Su reacción cuando quedó expuesto fijó la trayectoria de su futuro. Al igual que David, nosotras podemos ser limpiadas de nuestros pecados, sin importar cuán horribles hayan sido. Y, al igual que Betsabé, podemos ser limpiadas de los pecados que fueron cometidos contra nosotras.

Lectura bíblica ....

2 SAMUEL 12:13, 16

SALMO 32:1-5

Bienaventurado aquel cuya transgresión ha sido perdonada, y cubierto su pecado. Bienaventurado el hombre a quien Jehová no culpa de iniquidad, y en cuyo espíritu no hay engaño. Mientras callé, se envejecieron mis huesos en mi gemir todo el día. Porque de día y de noche se agravó sobre mí tu mano; se volvió mi verdor en sequedades de verano. Mi pecado te declaré, y no encubrí mi iniquidad. Dije: Confesaré mis transgresiones a Jehová; y tú perdonaste la maldad de mi pecado.

Estudio y reflexión

1. En el Salmo 32, David expresa su alivio por ser limpiado de su pecado.

   a. ¿Cómo describe David su vida mientras refrenó su pecado?

b. ¿Cuál es la diferencia entre confesar y refrenar nuestro pecado?

2. Relaciona el caso de David con los siguientes versículos. ¿Cómo puedes determinar si una "caída" refleja el verdadero carácter de una persona o si es una desviación de su comportamiento normal?

   a. "Porque siete veces cae el justo, y vuelve a levantarse; mas los impíos caerán en el mal" (Pr. 24:16).

   b. "Por sus frutos los conoceréis. ¿Acaso se recogen uvas de los espinos, o higos de los abrojos?... Así que, por sus frutos los conoceréis" (Pr. 24:16).

   c. "Como perro que vuelve a su vómito, así es el necio que repite su necedad" (Pr. 26:11).

3. ¿Qué revela lo siguiente acerca del perdón de Dios? "Cuanto está lejos el oriente del occidente, hizo alejar de nosotros nuestras rebeliones" (Sal. 103:12).

4. ¿Qué crees que esto significa? Dios borra nuestros pecados *por causa de sí mismo*. Relaciona esto con alguien a quien has perdonado y con quien deseas tener una relación restaurada.

"Yo, yo soy el que borro tus rebeliones por amor de mí mismo,
y no me acordaré de tus pecados" (Is. 43:25).

5. A pesar de la terrible caída de David, ¿cómo es recordado él en los
siguientes versículos? "Quitado éste, les levantó por rey a David,
de quien dio también testimonio diciendo: He hallado a David
hijo de Isaí, varón conforme a mi corazón, quien hará todo lo que
yo quiero. De la descendencia de éste, y conforme a la promesa,
Dios levantó a Jesús por Salvador a Israel" (Hch. 13:22-23).

6. ¿Cómo aplicas la lección de hoy a tu vida?

Cuando necesitas tomar un baño urgente...
Lecciones de Betsabé

El rostro agotado de Carrie revelaba su desdicha. Mucho antes de que
nos conociéramos, ella había caído en una relación ilícita. En poco
tiempo, su conciencia llena de culpa la obligó a terminar la aventura
amorosa. Sin embargo, años después era incapaz de soportar la culpa.

¿Qué haces con la culpa? ¿Hay algo que pueda realmente quitar
la horrible mancha del pecado? David encontró limpieza. Nosotras
podemos experimentarla también.

Esto promete 1 Juan 1:9: "Si confesamos nuestros pecados, él es
fiel y justo para perdonar nuestros pecados, y limpiarnos de toda
maldad". ¿Se aplica esto también al remordimiento y la vergüenza
que produce el abuso? ¿Puede una víctima ser limpia de pecados que
fueron cometidos contra ella?

En algún punto después del terrible incidente en la historia de
Betsabé, tanto ella como David se volvieron conscientes de la mancha
del pecado. El pecado afecta con frecuencia tanto a la víctima como
al ofensor. Por lo general, las víctimas de violación o explotación se

sienten sucias, estropeadas e incluso responsables de los pecados que fueron cometidos contra ellas. Se culpan a sí mismas y reviven en su mente todas las posibilidades de lo que hubiera podido suceder "si".

¿Estoy contaminada?

En su primera confesión, Nina evidenció sentirse responsable sin razón. Habiendo sido educada en la fe católica, le dijo al sacerdote que había cometido adulterio. Tenía siete años. Por supuesto que Nina no había cometido adulterio, pero el joven encargado de cuidarla alguna vez la había acosado sexualmente. Ella concluyó sin razón que siendo que lo ocurrido estaba mal, ella debía ser culpable.

Por desdicha, no solamente los niños llegan a esos veredictos. No es inusual escuchar decir "me pregunto qué clase de maldad hizo ella para merecer esto". Si es posible empañar de alguna manera a la víctima, el testigo siente que está a salvo de padecer una tragedia similar.

Para empeorar el asunto, algunas personas no saben qué hacer con una víctima. Betsabé vivió entre las otras esposas, concubinas y sirvientes de David. Quienes conocían y amaban a David no querían creer que él había sido capaz de incitar semejante maldad. Sería fácil culpar a Betsabé para proteger a David y salvaguardar su propia comodidad en sus interacciones con él. Las víctimas enfrentan una crisis de identidad no solo por cuenta del suceso traumático, sino porque las personas las tratan diferente.

Estar vinculado con un pecado no es lo mismo que ser culpable del mismo. Jesús fue parte de un juicio ilegal en el que fue golpeado y burlado. ¿Se empañó la pureza de Jesús por las ofensas que experimentó? ¡No! Su inocencia resplandeció en contraste con los actos sucios de los demás. Personas inocentes como Nina, Betsabé y Jesús sufren cosas malas.

¿Puede Dios limpiar a la víctima de la mancha del pecado?

Nadie duda que los salmos de David acerca de la limpieza de Dios se aplicaban a él como ofensor. Si el responsable puede ser limpiado, ¿cuánto más las víctimas? Dios es poderoso para quitar la mancha grana del pecado, ya sea que nosotras lo hayamos cometido o seamos víctimas del mismo. "Venid luego, dice Jehová, y estemos a cuenta: si vuestros pecados fueren como la grana, como la nieve serán emblanquecidos; si fueren rojos como el carmesí, vendrán a ser como blanca lana" (Is. 1:18). Del rojo carmesí a la blanca lana, ¡eso sí que es limpio! Recuerdo cuán deslucido se veía mi blanco perro lanudo cuando cayó un poco de nieve en Savannah. El pelaje blanco se ve amarillento y sucio al lado de la nieve fresca. Con razón algunas Biblias usan la imagen de la nieve para ilustrar el poder de su limpieza.

En la cruz, la sangre de Cristo proveyó nuestra limpieza. Él se hizo pecado para que nosotros pudiéramos ser justicia de Dios en Él (2 Co. 5:21). Cuando Dios mira a un cristiano, Él ve la justicia de Cristo.

Cuando nosotras, por la fe, aceptamos la muerte, la sepultura y la resurrección de Jesús, nos identificamos con su victoria sobre el pecado. La paga por la culpa quedó saldada por completo en la cruz. La obra de Cristo es más grande que cualquier pecado que hayamos cometido o que alguien haya cometido contra nosotras. Su sangre carmesí lavó la mancha del pecado y nos dejó blancas como la nieve.

¿Por qué confesamos?

Puesto que nuestros pecados fueron lavados, puede que te preguntes por qué los cristianos necesitan confesarlos. Volvamos a la historia de Carrie para entender mejor.

Carrie reconoció una y otra vez su adulterio delante de Dios, pero la culpa seguía atormentándola. ¿Por qué? "Confesar" es la palabra griega *homologeo*, que significa "decir lo mismo que otro" o "estar de acuerdo con otro".[3]

Confesar nuestro pecado significa estar de acuerdo con lo que Dios dice acerca de nuestro pecado. Confesamos para conformar nuestro corazón al suyo y restaurar nuestra comunión con Él.

¿Cómo confesamos?

Antes de que podamos experimentar alivio de la culpa, debemos ponernos de acuerdo con Dios en dos áreas concernientes a nuestro pecado. Primero, estar de acuerdo en que la falta que cometimos está mal. Este es un paso que omitimos con demasiada frecuencia. Tendemos a suavizar el pecado con etiquetas sutiles. Una mentira se convierte en una verdad a medias, el adulterio se convierte en una aventura amorosa, un aborto se cataloga como elección. A veces desviamos la atención y culpamos a otros. "Si ella no me hubiera provocado…". También ocultamos nuestro pecado bajo la fachada de gestos considerados, a pesar de que Proverbios 28:13 nos advierte: "El que encubre sus pecados no prosperará". A la raíz de todo pecado hay un orgullo perverso de pretender que sabemos más que Dios. Dios dice que el pecado es grave. Confesarlo es reconocer que estamos de acuerdo con Él en esto.

En segundo lugar, estamos de acuerdo con que la muerte de Jesús pagó por nuestro pecado (Col. 1:22; He. 7:27; 8:12; 10:12-14). Carrie había aceptado que su adulterio estaba mal. Ella había asumido su responsabilidad en la parte que le correspondía y puso fin a esa relación. Sin embargo, no había confesado que la muerte de Cristo había cubierto ese pecado.

Yo dibujé una línea del tiempo para ilustrar el efecto de la muerte de Cristo en la cruz.

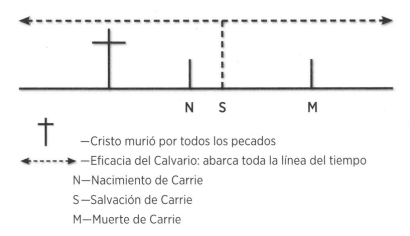

N　S　　　M

† —Cristo murió por todos los pecados
◄----► —Eficacia del Calvario: abarca toda la línea del tiempo
N—Nacimiento de Carrie
S—Salvación de Carrie
M—Muerte de Carrie

—¿Cuántos pecados que hemos cometido estaban en el futuro cuando Cristo murió? —pregunté.

—Todos. Yo no había nacido todavía.

—¿Cuántos pecados pagó la muerte de Cristo?

—Todos —susurró.

Cuando pecamos, puede que nos sintamos distantes de Dios, pero Él sigue amándonos. Él no solo borra nuestros pecados, sino que los olvida (Is. 43:25; He. 8:12). Dios no trata con nosotras de la manera como un juez trata con un criminal. Nuestro Padre compasivo se duele por nuestras decisiones peligrosas y sus consecuencias inevitables. La confesión bíblica restaura la comunión con Dios y la paz en nuestros corazones.

¿Qué confieso?

Confesamos la verdad: "Estaba equivocada. Fui ingenua. Me traicioné a mí misma conformándome con menos de lo que quería. Desoí las señales de advertencia de este desastre".[4]

Estamos de acuerdo con Dios en lo siguiente:

1. Padre, tienes razón. Yo me equivoqué. Yo lo hice. Lo siento.
2. El sacrificio de Cristo es suficiente. Gracias. Por la obra de Cristo, yo soy limpia.

Carrie se arrodilló y añadió la segunda parte de la confesión. Salió de allí radiante. La siguiente vez que la vi, incluso su relación con su esposo había mejorado considerablemente. Recibir la limpieza de Dios la liberó para aceptar a su esposo. Si Dios puede hacer eso por el pecador, podemos estar seguras de que Él también obrará la sanidad y la limpieza en la vida de las víctimas.

Gloria en lugar de ceniza

Una de las repercusiones de la traición es una identidad resquebrajada. El suceso traumático, las murmuraciones, el dolor y enojo que afloran nos llevan a preguntarnos: *¿Quién soy? Nunca antes me sentí tan insegura.*

Si Betsabé se hubiera conformado con la imagen desfigurada que le fue impuesta, dudo que hubiera llegado a ser la respetable reina de David o la maestra sabia de Salomón. La víctima debe confesar la perspectiva de Dios: *Yo soy amada por Cristo. Yo tengo su justicia.*

Cuando alguien nos traiciona, usamos en inglés la expresión "salí quemado". Dios usa el fuego de la traición para purificarnos. Él quema la paja de una imagen construida sobre las opiniones de los demás o basada en nuestros logros. A cambio de esto, Dios nos ofrece la belleza de una nueva identidad que está basada en la justicia de Cristo.

¿Qué crees que revela más lo que tú eres: este suceso o lo que Cristo ha hecho por ti? Ponte de acuerdo con Dios y experimenta la belleza de tu identidad cristiana.

¿Por qué todavía me siento culpable?

Hay muchas cosas que nos hacen sentir sucias. Cuando leo los detalles sórdidos de un crimen en el diario me dan ganas de lavar mi mente. Cuando fallo mis propias expectativas o las de otros a veces me siento condenada. Como hilos pegajosos e invisibles de telaraña, el remordimiento y la condenación nos enredan y nos llevan a ensimismarnos.

Si sigues experimentando condenación después de haber confesado tus pecados, acepta lo que dice Romanos 8:1: "Ahora, pues, ninguna condenación hay para los que están en Cristo Jesús".

¿En qué se diferencia la corrección de la condenación?

No confundas la condenación con la corrección del Espíritu Santo. La condenación es por lo general un sentimiento ambiguo de que hay algo en mí que es inherentemente malo. Dios *nunca* condena a un creyente. El mundo, la carne y el diablo son los que lanzan esas acusaciones (Ap. 12:10).

El Espíritu Santo nos señala el pecado con el propósito de liberarnos de sus garras. Él identifica algo específico que debemos abandonar: una acción, una actitud o una creencia equivocada. Ya sea que experimentes condenación, convicción o ambas, la solución es la misma: acepta la verdad de Dios y ponte de acuerdo con lo que Él dice acerca de ti y de tu situación.

Ni la corrección ni la condenación son agradables, pero "la tristeza que es según Dios produce arrepentimiento para salvación, de que no hay que arrepentirse; pero la tristeza del mundo produce muerte" (2 Co. 7:10). La corrección de Dios produce cambio positivo y, al final, gratitud. La condenación produce muerte; es destructiva y produce enojo y ensimismamiento. No nos acerca a Dios.

El Espíritu Santo siempre exalta a Cristo, no el pecado. El diablo sobredimensiona nuestras faltas y pronostica tristeza y miseria.

¿Qué pasa si todavía me siento sucia?

¿Qué hacemos si a pesar de que confesamos y abandonamos nuestro pecado, y afirmamos nuestra justicia en Cristo, todavía nos sentimos sucias? Caminamos por la fe, no por los sentimientos. Cuando confesamos nuestros pecados como enseña la Biblia, por definición estamos diciendo lo que Dios dice: *Jesús llevó mi culpa y me limpió.* Si todavía nos sentimos culpables, le decimos a Satanás a viva voz: "Yo pertenezco al Señor Jesucristo y tengo su justicia. Apártate".

La condenación es guerra espiritual. Usa tu escudo de la fe para apagar los dardos de fuego del maligno. Confiesa la verdad de tu posición en Cristo (Ef. 6:16).

Puesta en práctica

1. Pide a Dios que revele cualquier pecado en tu vida (Sal. 139:23-24).

2. Escribe lo que Él te muestre. Esto no es autoanálisis. Le has pedido al Espíritu Santo que te examine. La confesión bíblica se centra en Cristo, no en mí. El pecado también puede ser por omisión o negligencia. También se pueden confesar los sentimientos desagradables que surgen cuando el pecado sale a la luz.

3. Escribe 1 Juan 1:9 en tu lista. Dale gracias a Dios por su limpieza completa.

4. Por último, rompe tu lista como símbolo de lo que Dios ha hecho con tus pecados (Sal. 103:12).

El poder de Dios para limpiar es más grande que el poder del pecado para manchar. La próxima vez que caiga sobre tu mejilla un copo de nieve, asómbrate y confiesa: *Dios me ha dejado tan blanca como la nieve.*

Quiero recordar...

Escribe unas frases de la lección de hoy que te ayuden a recordar lo que Dios te ha enseñado.

Peticiones de oración
Anota aquí las peticiones de oración de tu grupo.

_____

_____

_____

_____

_____

_____

_____

_____

_____

Cuando ansías una fortaleza sobrenatural

JUGUEMOS A HACER ASOCIACIONES DE PALABRAS. YO DIGO UN ANIMAL y tú nombras el rasgo que asocias con él. Por ejemplo, si yo digo "paloma", tal vez tú digas "inocente". ¿Qué imagen asocias con los siguientes animales?

- Pavo real
- Zorro
- Serpiente
- Cordero

Apuesto que has oído a alguien culpar a Betsabé por la caída de David. Algunas personas no tardan en señalar cómo era posible que ella se bañara en la azotea, y que no está escrito que se haya resistido al rey David. Sin embargo, Natán, al hablar como profeta de Dios, describe a Betsabé como una "corderita" que es sacrificada para satisfacer la lujuria de David. ¿Qué imagen comunica la palabra "corderita"? El rey tenía todo el poder y autoridad. Incluso el general Joab se sometía a las exigencias insensatas de David (2 S. 24:3-4). La historia abunda en autoridades que abusan de su poder y se aprovechan de aquellos que tienen bajo su tutela. Algunos han seducido a sus víctimas para que caigan en sus trampas. Otros las han amenazado para que se sometan. Un pez atrapado tras morder el anzuelo no es menos presa de uno que ha sido arponeado. Cuando una mujer es seducida para caer en una trampa, se condena a sí misma por no haberla reconocido a tiempo. Con frecuencia, la cultura, e incluso los amigos y familiares, repiten las acusaciones.

Betsabé se bañó en la noche, tal vez bajo la protección de la oscuridad, cuando David debería estar lejos en el campo de batalla. Sus aposentos eran privados y estaban ocultos a la vista, salvo de quienes miraban desde una posición elevada. Si ella trató de incitar a David, ella es también responsable como David. Sin embargo, el relato de Natán no menciona ninguna conducta seductora por parte de ella. Ella es una corderita, y David es el hombre poderoso que, según sus propias palabras, "merece morir".

Los deseos de David, no los de Betsabé, fueron los causantes de esta tragedia. En una imagen detallada, Natán describe a un hombre rico, hinchado de orgullo, a quien no le importa lo más mínimo su vecino. Él envió a sus hombres a aprehender el precioso tesoro de ese pobre hombre. Lo usó y pensó que podía devolverlo sin que el dueño descubriera el daño causado.

Solo que el tesoro era una mujer, la esposa de uno de sus soldados más valientes. Aun si Betsabé no hubiera concebido, imagina cómo este secreto vergonzoso habría creado un abismo entre ella y Urías, especialmente considerando que Urías trabajaba para el rey David.

Según sabemos, Betsabé no tenía razón alguna para desconfiar de David cuando la llamó. Su familia conocía a David. Su abuelo

Ahitofel había servido a David como consejero de confianza (2 S. 15:12). Su padre y su esposo habían servido con lealtad a David en el campo de batalla. Aprovecharse de ella constituía una traición contra esos hombres.

Sabemos que David trató de embotar a Urías con regalos y bebidas alcohólicas. ¿Había hecho lo mismo con Betsabé? Si Betsabé se sentía sola en los períodos de ausencia de su esposo por cuenta de la guerra, el alcohol pudo haberla hecho más susceptible a los encantos del rey. Sin importar cómo veamos la historia, el claro relato de Natán muestra que el líder en quien confiaba Betsabé la usó para satisfacer su lujuria.

Las historias de la Biblia sirven para instruirnos (1 Co. 10:11). Si David, un hombre conforme al corazón de Dios, fue capaz de perjudicar a Betsabé y a muchas otras personas por su falta de autocontrol, ¿qué esperanza hay para ti y para mí? Dios ha provisto una vía de escape de nuestras pasiones.

Día uno

El conflicto entre deseos opuestos

La caída de David empezó antes de que viera a Betsabé. Mientras que otros reyes estaban en la guerra, David disfrutaba de su cómodo palacio. Aunque Dios había prohibido tener varias esposas y concubinas (Dt. 17:17), David coleccionaba mujeres del mismo modo que algunos hombres coleccionan vino fino (2 S. 5:13).

Para un corazón inconforme nunca basta con tener más. Complacer nuestras pasiones las aviva en lugar de satisfacernos. Veamos el conflicto entre deseos opuestos.

Lectura bíblica ....

GÁLATAS 5:16-26

Digo, pues: Andad en el Espíritu, y no satisfagáis los deseos de la carne. Porque el deseo de la carne es contra el Espíritu, y el del Espíritu es contra la carne; y éstos se oponen entre sí, para que no hagáis lo que quisiereis. Pero si sois guiados por el Espíritu, no estáis bajo la ley. Y manifiestas son las obras de la carne, que son: adulterio, fornicación, inmundicia, lascivia, idolatría, hechicerías, enemistades, pleitos, celos, iras, contiendas, disensiones, herejías, envidias, homicidios, borracheras, orgías, y cosas semejantes a estas; acerca de las cuales os amonesto, como ya os lo he dicho antes, que los que practican tales cosas no heredarán el reino de Dios. Mas el fruto del Espíritu es amor, gozo, paz, paciencia, benignidad, bondad, fe, mansedumbre, templanza; contra tales cosas no hay ley. Pero los que son de Cristo han crucificado la carne con sus pasiones y deseos. Si vivimos por el Espíritu, andemos también por el Espíritu. No nos hagamos vanagloriosos, irritándonos unos a otros, envidiándonos unos a otros.

Estudio y reflexión

1. Todo cristiano libra una guerra civil interna. ¿Cuáles son los bandos de este conflicto?

2. ¿Qué nos protege de los deseos pecaminosos de la carne, que la Biblia llama también "la vieja naturaleza" o "la naturaleza pecaminosa" (Gá. 5:16)?

3. Repasa las obras de la carne (Gá. 5:19-21). Encierra en un círculo las que atañen a la historia de David y Betsabé en 2 Samuel 11 y 12.

4. Escribe la lista de cualidades que produce el Espíritu Santo en aquellos que caminan conforme al Espíritu (Gá. 5:22-23).

5. ¿Cómo describe Efesios 4:22 los deseos que provienen de nuestro viejo hombre? "En cuanto a la pasada manera de vivir, despojaos del viejo hombre, que está viciado conforme a los deseos engañosos".

6. ¿Por qué crees que la Escritura denomina *engañosos* a los deseos que produce la carne?

7. ¿Qué otros pensamientos te sugiere este pasaje?

La batalla interna

"Andad en el Espíritu, y no satisfagáis los deseos de la carne" (Gá. 5:16). ¿Pensaste que tus malos deseos desaparecerían cuando llegaste a conocer a Cristo? Por desdicha, mientras vivamos en este mundo, enfrentamos una batalla interna de deseos que se oponen entre sí. Nuestra carne sigue generando deseos que son contrarios a Dios.

Billy Graham define la *carne* como pecado que "imita al *viejo hombre* que fue crucificado con Cristo... y por eso pareciera que el viejo hombre sigue vivo".[1] Nuestro viejo hombre ya fue crucificado con Cristo, pero el pecado sigue vivo y se disfraza del viejo hombre. *La carne* también se llama "el pecado que mora en nosotros" o "la naturaleza pecaminosa".

La Escritura llama los deseos de la carne "deseos engañosos" porque nos mienten. Prometen felicidad, pero, como ilustran David y Betsabé, cualquier placer que brindan es de corta duración y no tarda en convertirse en aflicción y remordimiento (He. 11:25). Estos deseos también son engañosos porque se disfrazan como *nuestros* deseos, cuando en realidad son lo que nuestro enemigo quiere para nosotras.

Los creyentes del nuevo pacto tenemos dos ventajas poderosas con las que no contaban David ni Betsabé: una nueva identidad y el Espíritu Santo que mora en nosotras. "De modo que si alguno está en Cristo, nueva criatura es; las cosas viejas pasaron; he aquí todas son hechas nuevas" (2 Co. 5:17). Los deseos pecaminosos pueden acosarnos, pero ya no tenemos que obedecerlos (Ro. 6:6-7). Y tampoco es nuestro deseo hacerlo. Puesto que la nueva naturaleza está creada según Cristo, el verdadero yo ama, perdona y quiere agradar a Dios (Ef. 4:24). Cada vez que obedecemos la carne fortalecemos la influencia del pecado sobre nosotras. Cada decisión llena del Espíritu fortalece nuestra nueva naturaleza.

En este contexto, la "carne" no se refiere al cuerpo físico. Cristo, que no tenía pecado, tenía un cuerpo humano. La carne es nuestro enemigo, un parásito que habita en nuestro cuerpo físico. Gálatas 5 enumera las obras de la carne que son evidentes, pero no todo deseo carnal es visiblemente dañino. Cuando yo me siento a leer mi Biblia, puede que un nuevo catálogo de compras me distraiga. Antes de darme cuenta, se pasa el tiempo que tenía planeado para el estudio de la Biblia. Mi deseo de leer el catálogo no era algo malo en sí, pero ceder a ese deseo durante mi tiempo que estaba consagrado a la Biblia fue una pérdida para mí.

Las personas que buscan agradar a otros se comprometen a todo lo que les piden, y los adictos al trabajo no pueden rehusar trabajo alguno. Ambos perjudican sus familias, sus almas y su relación con Dios. La carne es mala sin importar cuán respetable pueda parecer.

Quiero recordar...

Escribe unas frases de la lección de hoy que te ayuden a recordar lo que Dios te ha enseñado.

Día dos

Otro día, otra batalla

Es obvio que David nunca se detuvo a pensar cómo sus actos perjudicarían a Betsabé y a un sinnúmero de personas. La traición penetra de manera profunda en sus víctimas. Los perjudicados se debaten entre el quebrantamiento, la negación y la rabia. Sin ser invitados, pensamientos acerca de cómo exponer y castigar al traidor invaden la mente de la víctima como una canción que se repite una y otra vez. Aturdidos por tantas emociones, el bando injuriado puede retraerse en su afán por recuperarse. ¿Qué es real? ¿En qué puedo confiar?

Cuando nos han ofendido, es común revivir los acontecimientos y cuestionar nuestras decisiones. Nos culpamos por no haber reconocido la trampa. Olvidamos que solo Dios es omnisciente. Toda forma de abuso contra una persona transgrede la ley divina del amor. El abuso sexual es un crimen, y el ofensor es responsable del mismo. Aun así, las víctimas buscan algo que podrían haber hecho de otra manera. Nunca más quieren volver a experimentar tanto dolor.

Las víctimas no son las causantes de los crímenes cometidos contra ellas. Si bien el discernimiento nos ayuda a evitar a los culpables y situaciones comprometedoras, en muchos casos no hay manera de evitar el daño. En Génesis, el joven José experimentó un despreciable maltrato injustificado por parte de sus diez hermanos mayores. Más adelante, cuando era esclavo, la esposa de su amo mintió acerca de él. José fue encarcelado por hacer lo correcto. Sin embargo, Dios estaba con José en medio de todas estas injusticias.

Betsabé pudo haberse culpabilizado por la muerte de Urías. *¿Por qué no le dije lo que sucedió?* Ella pudo haberse encerrado en su vergüenza o volverse promiscua para reafirmar su imagen mancillada. En lugar de eso, sus acciones revelan a alguien que lloró sus muchas pérdidas y resistió los pensamientos y emociones destructivos que trajo su dolor.

Si has sido víctima de cualquier tipo de abuso, Dios conoce la verdad de lo que te sucedió. Él no te hace responsable por los pecados que otros cometen contra ti. Resiste el impulso de retraerte, de odiarte a ti misma o de odiar a otros. No creas la mentira de que merecías lo que sucedió o que has quedado defectuosa para siempre. Tu herida produce pensamientos de amargura como una herida produce infección. Necesita la limpieza que ofrece la verdad. Usa el pasaje bíblico de hoy para vencer los pensamientos de derrota. Si todavía luchas con la condenación, habla con una consejera o maestra cristiana. No tienes que enfrentar esta batalla sola.

Lectura bíblica..

2 Corintios 10:3-5

Pues aunque andamos en la carne, no militamos según la carne; porque las armas de nuestra milicia no son carnales, sino poderosas en Dios para la destrucción de fortalezas, derribando argumentos y toda altivez que se levanta contra el conocimiento de Dios, y llevando cautivo todo pensamiento a la obediencia a Cristo.

Romanos 8:6

Porque el ocuparse de la carne es muerte, pero el ocuparse del Espíritu es vida y paz.

Romanos 13:14

Sino vestíos del Señor Jesucristo, y no proveáis para los deseos de la carne.

Estudio y reflexión

1. ¿Qué clase de luchas has enfrentado después de haber sufrido una ofensa?

2. Nuestra mente se convierte en un campo de batalla. Los pensamientos vengativos pelean contra el deseo de perdonar. La rabia asalta nuestra paz. El remordimiento y la autocompasión pelean contra el anhelo de confiar en Cristo. Según el pasaje

bíblico de hoy, ¿qué papel juegan tus pensamientos a la hora de asegurar la victoria?

3. Según 2 Corintios 10:3-5, ¿cómo combatimos los pensamientos que se oponen a la verdad de Dios?

4. El siguiente versículo nos presenta algo que debemos hacer y algo que no debemos hacer. Hablando en términos prácticos, ¿cómo aconsejarías a alguien que lucha con deseos nocivos? "Lo que has oído de mí ante muchos testigos, esto encarga a hombres fieles que sean idóneos para enseñar también a otros" (2 Co. 2:22).

5. ¿Qué promete Dios a quienes aman su Palabra? "Mucha paz tienen los que aman tu ley, y no hay para ellos tropiezo" (Sal. 119:165).

6. ¿Qué recibiremos *al confiar* en Dios? Relaciona el siguiente pasaje con la batalla que enfrentamos con pensamientos de derrota: "Y el Dios de esperanza os llene de todo gozo y paz en el creer, para que abundéis en esperanza por el poder del Espíritu Santo" (Ro. 15:13).

Usa tu espada

La Palabra de Dios es llamada la espada del Espíritu (Ef. 6:17). A mí me ayuda escribir un pasaje bíblico que habla acerca de las áreas en las que soy más susceptible. Cuando me siento atacada, abro mi diario y reviso las preciosas palabras de Dios para mí. Algunas personas acostumbran llevar consigo tarjetas con versículos escritos. "La fe es por el oír, y el oír, por la Palabra de Dios" (Ro. 10:17). "Panal de miel son los dichos suaves... medicina para los huesos" (Pr. 16:24). Cuando pensamientos destructivos ataquen tu mente, ¡saca tu ESPADA!

Quiero recordar...

Escribe unas frases de la lección de hoy que te ayuden a recordar lo que Dios te ha enseñado.

Día tres

Hay mucho en juego

La limpieza de Dios no elimina las consecuencias del pecado. Urías no resucitó. Las enfermedades de transmisión sexual no desaparecen cuando confesamos nuestros pecados. La soledad y el dolor de la separación son resultados naturales de las relaciones rotas, incluso de las que son pecaminosas.

Aun cuando nos apartamos de nuestro pecado, algunas repercusiones que no anticipamos persisten. Las consecuencias de las semillas sembradas en pecado siguen latentes. Algunas perduran toda la vida. El pecado de David afectó a sus hijos. Sin embargo, estos efectos pueden hacernos más sabios si caminamos con Dios. Afrontar las consecuencias del pecado nos ayudará a escapar la próxima vez que la tentación aceche.

Lectura bíblica ....

2 SAMUEL 12:9-25

Estudio y reflexión

1. Natán le preguntó a David ¿por qué "*tuviste en poco* la palabra del Señor haciendo lo malo"? ¿En qué sentido un agravio

deliberado evidencia menosprecio por Dios? Relaciona esto
con las acciones de David.

2. Haz una lista de las consecuencias del pecado de David.

3. ¿Qué advertencia y esperanza hay para ti en este pasaje? "No
os engañéis; Dios no puede ser burlado: pues todo lo que el
hombre sembrare, eso también segará. Porque el que siembra
para su carne, de la carne segará corrupción; mas el que siembra para el Espíritu, del Espíritu segará vida eterna. No nos
cansemos, pues, de hacer bien; porque a su tiempo segaremos,
si no desmayamos" (Gá. 6:7-9).

4. David era el rey en quien confiaba Betsabé, y el comandante
en jefe de su esposo. Era el pastor de Israel, el autor de las
palabras: "El Señor es mi pastor".

a. ¿Qué perdió Betsabé por causa del pecado de David contra
ella?

b. ¿Cómo sufriría tu relación con este hombre si estuvieras en
la misma situación?

David cosechó lo que sembró

Las temibles predicciones de Natán se cumplieron. Amnón, el hijo
mayor de David que tuvo con Ahinoam, violó a su media hermana
Tamar. Absalón, el hermano de Tamar, ejecutó venganza por lo

que le sucedió a ella asesinando a Amnón. Absalón y Tamar eran hijos de David y de Maaca. Absalón intentó después arrebatar el reino de David. De manera irónica, en una tienda armada en el tejado de David, Absalón tomó públicamente las concubinas de David del mismo modo que David había tomado en privado la esposa de Urías (2 S. 16:21).

Dios limpió y restauró a David después de los pecados que cometió contra Betsabé y Urías, pero padeció las consecuencias terrenales. Jeremías 2:19 dice: "Tu maldad te castigará, y tus rebeldías te condenarán; sabe, pues, y ve cuán malo y amargo es el haber dejado tú a Jehová tu Dios, y faltar mi temor en ti, dice el Señor, Jehová de los ejércitos".

Dios borra el pecado que se interpone entre Él y nosotras. Él nos restaura a un lugar en el que podemos ser productivas y florecer, pero algunas consecuencias del pecado permanecen. La semana pasada vimos en un pasaje de Santiago el gran costo del pecado. Ahora vemos que el pecado no solo nos lastima a nosotras, sino que contagia y perjudica a quienes nos rodean.

¿Estás involucrada en alguna actividad o actitud que ofende a Dios? Si es así, aprovecha esta oportunidad para confesarla y abandonarla. Líbrate del sufrimiento y del daño inevitable que vienen si persistes en lo malo.

Quiero recordar...

Escribe unas frases de la lección de hoy que te ayuden a recordar lo que Dios te ha enseñado.

Necesitamos un Ayudador

En la tienda de comestibles, mi esposo me recordó que no es buena idea ir de compras cuando tengo hambre. Un vistazo a mi carrito de compras bastó para darme cuenta de que tenía razón. Funcionar con un alma desnutrida es como ir de compras cuando te mueres de hambre. El hambre nubla el buen juicio.

El salmista oró: "¿A quién tengo yo en los cielos sino a ti? Y fuera de ti nada deseo en la tierra" (Sal. 73:25). Cuanto más camino con Jesús, menos atractivo se vuelve el pecado.

Jesús, refiriéndose a la obra del Espíritu Santo en nuestra vida, dijo que los ríos de agua viva fluirán de nuestro interior cuando bebamos de Él. En lugar de estar sedientas, nos convertimos en una fuente que refresca a otros.

El problema de David no era la falta de mujeres. Si él necesitara algo, Dios se lo hubiera dado (2 S. 12:8). El problema era interno, al igual que el remedio. Jesús dijo: "Porque del corazón salen los malos pensamientos, los homicidios, los adulterios, las fornicaciones, los hurtos, los falsos testimonios, las blasfemias" (Mt. 15:19). Jim Cymbala dice que, *dado que el problema está en nuestro interior, Jesús envió al Espíritu Santo a morar en nuestro interior.*

Romanos 8:9 dice que todo creyente, no solamente quien tiene dones y títulos especiales, tiene el Espíritu Santo. En el Antiguo Testamento, el Espíritu Santo ungía a algunas personas para una misión o durante un período particular, y luego se retiraba. Desde Pentecostés, el Espíritu mora en cada creyente desde el momento del nacimiento espiritual. Nuestros cuerpos son su hogar. Podemos contristar e inhibir al Espíritu, pero Él nunca nos dejará. Nunca estamos solos en nuestras batallas. Abrazar el ministerio del Espíritu Santo transformará nuestra vida.

Lectura bíblica ....

JUAN 7:37-39

En el último y gran día de la fiesta, Jesús se puso en pie y alzó la voz, diciendo: Si alguno tiene sed, venga a mí y beba. El que cree en mí, como dice la Escritura, de su interior correrán ríos de agua viva. Esto dijo del Espíritu que habían de recibir los que creyesen en él; pues aún no había venido el Espíritu Santo, porque Jesús no había sido aún glorificado.

Estudio y reflexión

1. A partir del pasaje de hoy, ¿cómo puede beneficiarnos nuestra sed en sus diferentes manifestaciones?

2. ¿A qué se refería Jesús cuando dijo: "Si alguno tiene sed, venga a mí y beba" y "de su interior correrán ríos de agua viva"?

3. El Espíritu Santo vive en nosotras. Debajo de cada versículo, escribe los beneficios prácticos que nos ofrece el Espíritu Santo. Personaliza tus respuestas.

   a. "Mas el Consolador, el Espíritu Santo, a quien el Padre enviará en mi nombre, él os enseñará todas las cosas, y os recordará todo lo que yo os he dicho" (Jn. 14:26).

   b. "Pero cuando venga el Espíritu de verdad, él os guiará a toda la verdad; porque no hablará por su propia cuenta, sino que hablará todo lo que oyere, y os hará saber las cosas que habrán de venir. Él me glorificará; porque tomará de lo mío, y os lo hará saber" (Jn. 16:13-14).

c. "Pues no habéis recibido el espíritu de esclavitud para estar otra vez en temor, sino que habéis recibido el espíritu de adopción, por el cual clamamos: ¡Abba, Padre! El Espíritu mismo da testimonio a nuestro espíritu, de que somos hijos de Dios" (Ro. 8:15-16).

d. "Y de igual manera el Espíritu nos ayuda en nuestra debilidad; pues qué hemos de pedir como conviene, no lo sabemos, pero el Espíritu mismo intercede por nosotros con gemidos indecibles. Mas el que escudriña los corazones sabe cuál es la intención del Espíritu, porque conforme a la voluntad de Dios intercede por los santos" (Ro. 8:26-27).

e. "Y nosotros no hemos recibido el espíritu del mundo, sino el Espíritu que proviene de Dios, para que sepamos lo que Dios nos ha concedido" (1 Co. 2:12).

f. "Porque no nos ha dado Dios espíritu de cobardía, sino de poder, de amor y de dominio propio" (2 Ti. 1:7).

4. ¿En qué se diferencia el ejercicio de la fuerza de voluntad con la dependencia del Espíritu Santo para recibir fortaleza? "Porque Dios es el que en vosotros produce así el querer como el hacer, por su buena voluntad" (Fil. 2:13).

La presencia de Dios

Jesús dijo a sus discípulos: "Pero yo os digo la verdad: Os conviene que yo me vaya; porque si no me fuera, el Consolador no vendría a vosotros; mas si me fuere, os lo enviaré" (Jn. 16:7). Seguramente quedaron desconcertados. ¿Cómo podía ser mejor para ellos que Jesús se fuera al cielo en lugar de quedarse con ellos sobre la tierra? ¿Cómo podía un Consolador reemplazar a Jesús?

Sabemos que este pequeño grupo de creyentes crecería hasta llenar la tierra. Mientras estaba aquí en la tierra, Jesús estaba limitado a un solo lugar a la vez. Ahora el Espíritu Santo está con cada hijo de Dios todo el tiempo. El Espíritu Santo ora por nosotras. Así es, ¡Él está orando por ti ahora mismo! Él nos recuerda que pertenecemos a Dios, nos guía a toda verdad, nos consuela y nos aconseja. Él es quien nos da la capacidad de amar a Dios y de resistir el pecado. Tener a este Ayudador con nosotras todo el tiempo es definitivamente mejor.

La fortaleza de un cristiano viene de confiar en Cristo. Esto no es lo mismo que tratar de refrenar la carne por medio del esfuerzo personal. La experiencia de mi amiga Sandi ilustra la importancia del enfoque. En sus años de infancia en Nueva Orleans, Sandi montaba en bicicleta con su familia los domingos por la tarde. Cada semana, su mamá le decía: "Sandi, no atropelles a los peatones". Y, cada semana, Sandi se chocaba con alguno.

Sandi no quería atropellar a los transeúntes, pero, cuando estaba pedaleando, fijaba su mirada en las personas que caminaban a su lado. Su bicicleta seguía su mirada. Sandi aprendió a montar en bicicleta de manera segura entre peatones cuando aprendió a redirigir su enfoque. Cuánto mejor es practicar la presencia de Dios que enfocarnos en lo que queremos evitar. Cuanto más nos acercamos a Cristo, mayor será nuestra semejanza a Él.

El Espíritu Santo es nuestro Ayudador. Mañana hablaremos acerca de cómo ser llenos de Él cada día.

Quiero recordar...

Escribe unas frases de la lección de hoy que te ayuden a recordar lo que Dios te ha enseñado.

Día cinco

Apropiarnos de nuestro Ayudador

Embriaguez. ¿Qué sucede cuando las personas se embriagan? Si están embriagados de amor, se sienten eufóricas. Si están embriagadas con alcohol, están ebrias. La embriaguez altera el modo de actuar y de responder de las personas, al igual que sus actitudes.

Efesios 5:15-21 muestra la diferencia entre estar controlado por bebidas alcohólicas y ser lleno del Espíritu Santo. Aquello que nos llena es lo que nos controla. Piensa lo diferente que es nuestro comportamiento cuando estamos llenas de lo siguiente:

- Amor u odio
- Paz o preocupación
- Gozo o tristeza
- Esperanza o desesperanza
- Gratitud o queja
- Fidelidad o inconstancia

Estos contrastes revelan la diferencia entre estar lleno del Espíritu y estar controlado por la carne. Hoy veremos cómo cada creyente puede ser lleno del Espíritu y gozar de su poder que transforma la vida.

Lectura bíblica ....

EFESIOS 5:15-21

Mirad, pues, con diligencia cómo andéis, no como necios sino como sabios, aprovechando bien el tiempo, porque los días son malos. Por tanto, no seáis insensatos, sino entendidos de cuál sea la voluntad del Señor. No os embriaguéis con vino, en lo cual hay disolución; antes bien sed llenos del Espíritu, hablando entre vosotros con salmos, con himnos y cánticos espirituales, cantando y alabando al Señor en vuestros corazones; dando siempre gracias por todo al Dios y Padre, en el nombre de nuestro Señor Jesucristo. Someteos unos a otros en el temor de Dios.

Estudio y reflexión

1. En tus propias palabras, describe bajo cada frase cómo es una vida llena del Espíritu.

   a. Comunicación con las personas: "hablando entre vosotros con salmos, con himnos y cánticos espirituales".

   b. Comunión con Dios: "cantando y alabando al Señor en vuestros corazones".

   c. Convicciones acerca de Dios y de la vida: "dando siempre gracias por todo al Dios y Padre, en el nombre de nuestro Señor Jesucristo".

d. Interacción con otros: "Someteos unos a otros en el temor de Dios".

2. Aplica los siguientes versículos a tu vida.

   a. "¿O ignoráis que vuestro cuerpo es templo del Espíritu Santo, el cual está en vosotros, el cual tenéis de Dios, y que no sois vuestros?" (1 Co. 6:19).

   b. "Y no contristéis al Espíritu Santo de Dios, con el cual fuisteis sellados para el día de la redención" (Ef. 4:30).

3. El fallecido Bill Bright, fundador de Cruzada estudiantil para Cristo (Cru) solía decir que vivir una vida agradable a Dios no era difícil; era imposible. La única persona capaz de vivir una vida agradable a Dios es Jesucristo, y Él quiere vivirla a través de nosotras. Según este versículo, ¿cuál es nuestro papel en esta relación? "Con Cristo estoy juntamente crucificado, y ya no vivo yo, mas vive Cristo en mí; y lo que ahora vivo en la carne, lo vivo en la fe del Hijo de Dios, el cual me amó y se entregó a sí mismo por mí" (Gá. 2:20).

Cuando anhelas fortaleza sobrenatural...
Lecciones adicionales de Betsabé

Larry y yo nos casamos a las 4:00 de la tarde en un noviembre tempestuoso en Savannah, Georgia. Sellamos nuestro amor con promesas sinceras. Dos horas después salimos para nuestra luna de miel y tuvimos nuestra primera pelea. ¿Qué pasó?

Por desdicha, las buenas intenciones e incluso el amor no son suficientes para frenar la inseguridad y el egoísmo. Hoy día, batallamos con el mismo enemigo que enfrentaron David y Betsabé: nuestra carne. Los seminarios y grupos de apoyo prometen enseñarnos técnicas para manejar nuestras debilidades:

- Manejo de la ira
- Ayuda para la adicción
- Entrenamiento en asertividad
- Técnicas de comunicación
- Matrimonio y habilidades de crianza

Si bien estas pueden ayudar, las técnicas por sí solas no pueden brindar el deseo, la motivación ni la capacidad para *ser* una mejor persona. Puede que seamos capaces de mordernos la lengua para no hablar delante de nuestro jefe, pero ¿estamos furiosas por dentro? ¿Cómo podemos librarnos de las limitaciones de nuestro temperamento, de nuestro trasfondo familiar y de nuestras inseguridades?

Algunos creyentes, confundidos por malos pensamientos y deseos, cuestionan su salvación. David amaba a Dios y aun así pecó de una manera que es difícil de comprender. Betsabé tuvo que enfrentar sus propias luchas. Veamos la ayuda que Dios provee.

Los recursos del interior

Dios dio a los animales instinto. A los seres humanos, Él se dio a sí mismo. Dios nos creó para que caminemos con Él. Si tu vida cristiana se ha vuelto aburrida o infructuosa, puede que estés pasando por alto el ministerio del Espíritu Santo.

Todo cristiano tiene el Espíritu Santo. Lo recibimos en el momento en que recibimos a Cristo. "Si alguno no tiene el Espíritu de Cristo, no es de él" (Ro. 8:9). Sin embargo, hay una diferencia entre tener al Espíritu Santo morando en nuestro interior y ser llenos de Él.

Para ilustrar la diferencia, imagina que preparas un vaso de leche de chocolate. Cuando añades a la leche el jarabe de chocolate, el jarabe se deposita en el fondo del vaso. La leche está *habitada* por el chocolate. Si tomas un sorbo antes de mezclarlo, te sabrá simplemente a leche. Si revuelves la leche, el jarabe se esparce por todo el vaso. La leche queda *llena* de chocolate. Después de eso, cada sorbo tiene sabor a chocolate.

Los cristianos pueden verse y actuar como incrédulos aunque tengamos al Espíritu Santo. Pero cuando estamos llenos del Espíritu, ¡empezamos a vernos como Cristo y a tener su sabor! Su amor, su gozo, su paz, su paciencia, su benignidad, su bondad, su mansedumbre y su dominio propio impregnan cada aspecto de nuestra vida (Gá. 5:22-23).

Él es una persona, no una cosa

El Espíritu Santo es nuestro ayudador, consejero, entrenador, consolador y animador personal. Él conoce el corazón de nuestro Padre y tiene el poder para guiarnos y capacitarnos para vivir plenamente. Puesto que es una persona, Él tiene deseos y sentimientos. Nuestro pecado echa a perder sus planes y lo contrista.

Caminar con Dios nos hace más sensibles al pecado. La lengua mordaz que antes justificábamos ahora contrista al Espíritu Santo que mora en nosotras. Nuestras decisiones lo afectan. David sintió el dolor que había causado a Dios (Sal. 51:3-4).

El dolor piadoso motiva el cambio constructivo. Difiere de la culpa mundana que nos avergüenza y nos mueve a alejarnos de Dios y de quienes caminan con Él (2 Co. 7:10). Sentir dolor por nuestro pecado nos motiva a abandonarlo.

El Espíritu Santo no es algún tipo de fuerza que podemos manejar a nuestro antojo. No vivimos sin pensar siquiera en Dios para luego decir: "Espíritu Santo, lléname para dar testimonio a mi vecino". Antes bien, rendimos nuestra vida entera a Él. Le pedimos que nos dirija en cada área de nuestra vida.

Él es la mano que llena el guante. Es la mente y la voluntad que nos guía. Dios no divide nuestra vida entre lo sagrado y lo secular. Todo es santo cuando se hace por medio de Él. Esto no significa que siempre sientas su dirección, pero Él dirige los pasos de aquellos que se lo piden. El fallecido Donald Gray Barnhouse lo resumió de la siguiente forma: *El Espíritu Santo no es un poder que esté a nuestro alcance para usarlo a nuestro antojo, sino una persona que quiere ocupar la totalidad de nuestro ser.*

El papel de la obediencia

Romanos 6:16 dice que somos esclavos de aquel a quien obedecemos. Nosotras elegimos nuestro amo por medio de la obediencia. Obedecer a los deseos pecaminosos pone a nuestra carne al mando y nos desensibiliza a la influencia del Espíritu. Someternos a Dios libera su poder para gobernar nuestra voluntad y nuestras emociones.

Rendirnos al señorío de Cristo es sinónimo de estar lleno del Espíritu Santo. No esperamos a que nuestra vida esté inmaculada para invitar a que Él nos llene. Le pedimos que nos ayude a abandonar aquello que contrista a Dios, y Él sabe exactamente qué hacer. Sin embargo, ¡no te asombres si Él se ocupa de un área de tu vida que no es exactamente la que te inquieta!

La vida cristiana es un caminar de fe. Ya que sabemos que Dios quiere que seamos llenos de su Espíritu, podemos confiar en que Él nos llenará si se lo pedimos. La fe, con o sin experiencia emocional, es agradable a Dios.

¿Estás lista para experimentar una vida plena (Jn. 10:10)? Esta es una oración que sugiero para empezar:

Querido Padre:
Gracias por tu gran amor por mí. Gracias por darme tu Espíritu Santo. Por favor, examíname y señala cualquier cosa que necesito confesar y abandonar. Gracias por tu

limpieza. Por favor lléname de tu Espíritu Santo. Toma el mando de cada área de mi vida: mis pensamientos, mi voluntad, mis emociones, mis palabras. Gracias por llenarme. En el nombre de Jesús. Amén.

La semana siguiente concluimos nuestro estudio sobre Betsabé examinando la diferencia esencial entre el amor, el perdón y la confianza desde una perspectiva bíblica. Estoy ansiosa de que veas cómo Dios convirtió la tristeza de Betsabé en felicidad.

Quiero recordar...

Escribe unas frases de la lección de hoy que te ayuden a recordar lo que Dios te ha enseñado.

Peticiones de oración

Anota aquí las peticiones de oración de tu grupo.

_____

_____

_____

_____

_____

_____

_____

_____

Cuando esperas
seguir adelante

"La lujuria nos unió. Nunca debimos habernos casado. Quiero divorciarme".

Mi aconsejada pensó que su conclusión era irrefutable. El divorcio era la única solución a un matrimonio que carecía de un fundamento sólido. Sin embargo, ella no había incluido a Dios en su ecuación.

Muchas mujeres me han dicho que, aunque estuvieron dispuestas a participar en sexo prematrimonial con sus esposos, más adelante se sintieron usadas. Lamentaron haber accedido. Deseaban que sus esposos hubieran liderado una relación en pureza sexual. Ahora los colmillos de la culpa herían su intimidad.

Por fortuna, Dios es más grande que nuestros fracasos y debilidades. Él tomó el matrimonio de David y Betsabé, que empezó con adulterio, asesinato y un embarazo indeseado, y lo convirtió en una alianza de amor y respeto mutuos que produjo reyes en el linaje de Cristo. Él también quiere redimir nuestros malos comienzos.

Puede que te preguntes por qué dedicamos otra semana a Betsabé. Los desafíos que ella enfrentó son, de alguna manera, los de todas nosotras. ¿Quién no tiene que perdonar? ¿Quién no ha batallado con pensamientos de derrota? Yo no podía pasar por alto las destrezas para la vida diaria que ofrece el drama de Betsabé. Nos ayudan a saber cómo podemos pasar de víctima a mujer victoriosa frente a nuestros propios desafíos.

David y Betsabé son la prueba de que los matrimonios con un mal comienzo pueden ser exitosos. Conforme ambos cónyuges crecen, perdonan y se manifiestan el uno al otro que son especiales, la relación se transforma para reflejar el carácter perfeccionado del individuo. El cambio empieza con arrepentimiento, un cambio de corazón que conduce a un cambio de comportamiento. Si el corazón no cambia, el nuevo comportamiento no va a durar. El corazón frío de David obligó a Urías a entregar la carta que llevaba su propia sentencia de muerte. El corazón renovado de David lo llevó a ayunar y orar por la vida de su bebé y a escribir salmos al Señor. Betsabé fue testigo del quebrantamiento genuino de David y abrió su corazón a él.

Dios bendijo su unión con cuatro hijos. Salomón se convirtió en el rey más grande y sabio de Israel. Construyó el templo de Dios y escribió Cantar de los Cantares, Eclesiastés y gran parte de Proverbios. Jesús recibió su derecho al trono por medio del linaje de Salomón. María, la madre de Jesús, era descendiente de Natán, otro hijo de la unión entre David y Betsabé.

Dios convirtió el mal comienzo de Betsabé y David en un final glorioso. Tal vez tú hayas tenido un mal comienzo en la vida, en la crianza o en el desarrollo personal. Imagina cómo Dios podría convertir tu comienzo deficiente en un final fabuloso si confías en Él.

Día uno

Ama bíblicamente

La pérdida es algo que afecta incluso al reino animal. Después que una Doberman dio a luz a seis cachorros, uno murió. Cuando el amo le "mostró el cachorro muerto a la madre, ella amorosamente trató de besarlo para revivirlo. Cuando se dio cuenta de que el cachorro estaba muerto, empezó a llorar y a afligirse".[1]

Betsabé también sintió sus pérdidas. El relato de Natán evidencia una relación cercana entre ella y Urías. Imagina cómo sería hacer duelo por la muerte de tu esposo mientras estás casada con el responsable de su muerte. Después de este trauma vino la enfermedad y muerte de su primogénito (2 S. 12:15-24). Sin embargo, hay luz al final de este oscuro túnel. El corazón de David había cambiado. Su reacción a la represión de Natán y a la enfermedad de su hijo evidencian un regreso sincero al Señor.

Reparar una relación rota es abrumador. Nos preocupa pensar: *¿Van a herirme otra vez? ¿Puedo confiar en esta persona?* Esta semana consideraremos cuatro aspectos de la restauración: amor, perdón, reconciliación y confianza.[2]

Si tu alma ha sido lastimada una y otra vez por una relación dolorosa, puede que quieras resistirte a estas enseñanzas. Te ruego que no lo hagas. Pide a Dios que abra tu corazón para escuchar su perspectiva divina acerca de tu circunstancia personal. Los caminos de Dios procuran tu bien.

La reconciliación necesita de las dos partes. Algunas relaciones no van a sanar. Pero cuando hacemos la parte que nos corresponde, experimentamos paz mental, sanidad interior y el consuelo de Dios. Hoy empezaremos con el amor bíblico.

Lectura bíblica..

2 Samuel 12:15-25

Estudio y reflexión

1. Betsabé, siendo que era una entre muchas esposas, con toda seguridad tenía expectativas para su matrimonio que eran muy diferentes de las que tenemos nosotras respecto a nuestros esposos. Con todo, ella era una mujer con emociones reales. ¿Crees que lo que hizo David cuando su hijo agonizaba consoló o exasperó a Betsabé? ¿Por qué?

2. Betsabé permitió que David la consolara (2 S. 12:24-25). ¿Qué crees que revela esto acerca de su actitud hacia David?

3. En los siguientes versículos, señala quién se beneficia cuando demostramos amor.

   a. "A su alma hace bien el hombre misericordioso; mas el cruel se atormenta a sí mismo" (Pr. 11:17).

   b. "Y respondiendo el Rey, les dirá: De cierto os digo que en cuanto lo hicisteis a uno de estos mis hermanos más pequeños, a mí lo hicisteis" (Mt. 25:40).

   c. "Amad, pues, a vuestros enemigos, y haced bien, y prestad, no esperando de ello nada; y será vuestro galardón grande, y seréis hijos del Altísimo; porque él es benigno para con los ingratos y malos" (Lc. 6:35).

4. La Biblia nos ordena amar a todos, *aun a nuestros enemigos*. Según estos versículos, ¿por qué debemos persistir en amar aun cuando estamos dolidas? "No debáis a nadie nada, sino el amaros unos a otros; porque el que ama al prójimo, ha cumplido la ley. Porque: No adulterarás, no matarás, no hurtarás, no dirás falso testimonio, no codiciarás, y cualquier otro mandamiento, en esta sentencia se resume: Amarás a tu prójimo como a ti mismo. El amor no hace mal al prójimo; así que el cumplimiento de la ley es el amor" (Ro. 13:8-10).

5. Antes de que David se casara con Betsabé, él se comportó como su enemigo. Aplica los siguientes versículos para amar a alguien que te ha ofendido.

   a. "Pero yo os digo: Amad a vuestros enemigos, bendecid a los que os maldicen, haced bien a los que os aborrecen, y orad por los que os ultrajan y os persiguen; para que seáis hijos de vuestro Padre que está en los cielos, que hace salir su sol sobre malos y buenos, y que hace llover sobre justos e injustos. Porque si amáis a los que os aman, ¿qué recompensa tendréis? ¿No hacen también lo mismo los publicanos? Y si saludáis a vuestros hermanos solamente, ¿qué hacéis de más? ¿No hacen también así los gentiles? Sed, pues, vosotros perfectos, como vuestro Padre que está en los cielos es perfecto" (Mt. 5:44-48).

   b. "Pero a vosotros los que oís, os digo: Amad a vuestros enemigos, haced bien a los que os aborrecen; bendecid a los que os maldicen, y orad por los que os calumnian... Sed, pues, misericordiosos, como también vuestro Padre es misericordioso" (Lc. 6:27-28, 36).

c. "Mas Dios muestra su amor para con nosotros, en que siendo aún pecadores, Cristo murió por nosotros... Porque si siendo enemigos, fuimos reconciliados con Dios por la muerte de su Hijo, mucho más, estando reconciliados, seremos salvos por su vida" (Ro. 5:8, 10).

d. "El amor es sufrido, es benigno; el amor no tiene envidia, el amor no es jactancioso, no se envanece; no hace nada indebido, no busca lo suyo, no se irrita, no guarda rencor" (1 Co. 13:4-5).

6. ¿Por qué no es lo mismo amar a alguien que tolerar o aceptar sus malas acciones? "El amor sea sin fingimiento. Aborreced lo malo, seguid lo bueno" (Ro. 12:9).

El amor bíblico es un amor resistente

Una de las consecuencias inesperadas de la traición es que las personas dejan de tratarte igual. En un divorcio causado por infidelidad, los miembros de la familia y los amigos no saben cómo conducirse cuando están con el cónyuge fiel. Algunos se sienten incómodos y se alejan. Otros atribuyen alguna medida de culpa a ambas partes. No quieren lidiar con su confusión.

David era el rey. ¿Cómo podían sus sirvientes y amigos conservar la naturalidad en el trato con él si era un maleante? Resultaba más fácil culpar a Betsabé y considerar a David una víctima. De esa manera, su mundo quedaría protegido.

Cuando hemos sufrido, nuestra capacidad de amar se reduce. El amor que se basa en el trato que recibimos de otros o en los méritos de los demás quedará hecho cenizas. Dios, en cambio, tiene una mejor idea. De las cenizas del amor condicional se levanta el ave fénix del amor incondicional. El amor bíblico es fuerte y resistente porque viene de Dios y no de emociones caprichosas. El amor incondicional es tan estable como el carácter de quien lo prodiga. No se basa en los méritos de quien lo recibe. El amor verdadero es resistente y tiene la capacidad de mantener límites de protección. Se demuestra por medio de las acciones. La demostración más grande de amor tuvo lugar en la cruz, cuando éramos enemigos de Dios (Ro. 5:10). El amor busca el bienestar eterno de su objeto. Cumple todas las leyes de Dios. Cuando Dios nos manda amar a nuestros enemigos no nos pide una calidez fabricada. Él nos llama a hacer lo que es correcto.

Dios mandó a los israelitas devolver el buey o el burro extraviado de su prójimo si lo encontraban (Dt. 22:1). Si encontraban el animal extraviado de su enemigo, también tenían que entregarlo (Éx. 23:4). En otras palabras, hacer lo correcto ya sea que la otra persona lo merezca o no.

Las investigaciones demuestran que no podemos concentrarnos en dos emociones contrarias hacia la misma persona al mismo tiempo.[3] Ser bueno con todos es una demostración de que pertenecemos a Dios y es bendición para *nuestra* alma.

El amor bíblico no es tolerancia

El mandato de amar a nuestros enemigos no significa tolerar el pecado o el maltrato. Permitir el pecado no es bueno para nosotras y tampoco lo es para la otra persona. El amor y los límites van de la mano.

Cuando Adán, el primer hombre, se rebeló contra Dios, Dios lo expulsó del huerto de Edén. Esto impidió que Adán comiera del árbol de la vida y que quedara sellado en su estado pecaminoso. El amor nos motiva a fijar límites respecto a aquello que permitimos en nuestras relaciones. Permitir que alguien persista en lo malo no es amor. El amor dice: "Permitirte que des rienda suelta a tu ira conmigo no es bueno para ninguno de los dos. Voy a mi habitación. Cuando te hayas calmado, escucharé lo que piensas". El dominio propio y el amor provienen del Espíritu.

David se escondió del rey Saúl para evitar que este lo matara. Aun así, cuando tuvo la oportunidad, rehusó vengarse o maldecir a Saúl. Jesús demostró el lado firme y el lado suave del amor. Él reprendió a los fariseos por su hipocresía y rehusó hablarle a Herodes, que había decapitado a Juan el Bautista (Lc. 23:9). Por otro lado, lloró por Jerusalén y fue a la cruz por todos sus habitantes (Mt. 23:37). Como dijo C. S. Lewis en *El problema del dolor*, "el amor es algo más firme y más espléndido que simple amabilidad".[4]

El mandamiento divino de amar a todos pareciera una locura en algunos contextos. Sin embargo, a Dios le importa *nuestro* carácter. Él quiere que seamos personas que aman. Después de todo, vivimos con nosotras mismas. No permitas que el pecado de otro te llene de amargura.

¿Quién es la última persona en el mundo a quien deseas amar? Esa persona es para ti lo que el Señor denominó "uno de estos más pequeños". Tal como los tratamos a ellos, lo tratamos a Él.[5] Pide a nuestro Dios grande que te llene de su Espíritu Santo y que ame por medio de ti. Recuerda, Dios es amor y es poderoso para amar a otros por medio de su hija que está rendida a Él (Jn. 13:35; 1 Jn. 4:15-21).

Dios usa el reto de las personas difíciles para quemar la paja del amor condicional y para darnos la belleza del amor incondicional. Así ya no amamos a las personas por lo que ellas hacen por nosotras. Las amamos porque Dios nos ama y porque Él ama por medio de nosotras. La próxima vez que alguien te ponga a prueba, recuerda: Dios da una corona en lugar de ceniza.

Quiero recordar...

Escribe unas frases de la lección de hoy que te ayuden a recordar lo que Dios te ha enseñado.

Día dos

Perdona por tu propio bien

"¿Perdonarla? No hace falta. No fue nada grave".

"¿Perdonarla? ¡De ninguna manera! Lo que hizo es demasiado grave para ser perdonado".

Sacudirse de una ofensa puede ser una táctica evasiva. Decir que algo es demasiado grave para perdonarse nos mantiene en cautiverio. Betsabé tuvo que perdonar ofensas muy serias, pero las ofensas pequeñas también pueden molestarnos. Sean grandes o pequeñas, la manera divina de enfrentar los agravios es con el perdón.

En el pasaje de hoy, el rey representa a Dios. El siervo que debía dinero al rey el equivalente de nuestra deuda nacional nos representa a ti y a mí. Pide a Dios que te ayude a comprender como nunca antes el pasaje de hoy.

Lectura bíblica ....

MATEO 18:21-35

Entonces se le acercó Pedro y le dijo: Señor, ¿cuántas veces perdonaré a mi hermano que peque contra mí? ¿Hasta siete? Jesús le dijo: No te digo hasta siete, sino aun hasta setenta veces siete.

Por lo cual el reino de los cielos es semejante a un rey que quiso hacer cuentas con sus siervos. Y comenzando a hacer cuentas, le fue presentado uno que le debía diez mil talentos. A éste, como no pudo pagar, ordenó su señor venderle, y a su mujer e hijos, y todo lo que tenía, para que se le pagase la deuda. Entonces aquel siervo, postrado, le suplicaba, diciendo: Señor, ten paciencia conmigo, y yo te lo pagaré todo. El señor de aquel siervo, movido a misericordia, le soltó y le perdonó la deuda. Pero saliendo aquel siervo, halló a uno de sus consiervos, que le debía cien denarios; y asiendo de él, le ahogaba, diciendo: Págame lo que me debes. Entonces su consiervo, postrándose a sus pies, le rogaba diciendo: Ten paciencia conmigo, y yo te lo pagaré todo. Mas él no quiso, sino fue y le echó en la cárcel, hasta que pagase la deuda. Viendo sus consiervos lo que pasaba, se entristecieron mucho, y fueron y refirieron a su señor todo lo que había pasado. Entonces, llamándole su señor, le dijo: Siervo malvado, toda aquella deuda te perdoné, porque me rogaste. ¿No debías tú también tener misericordia de tu consiervo, como yo tuve misericordia de ti? Entonces su señor, enojado, le entregó a los verdugos, hasta que pagase todo lo que le debía. Así también mi Padre celestial hará con vosotros si no perdonáis de todo corazón cada uno a su hermano sus ofensas.

Estudio y reflexión

1. Según el versículo citado, ¿a quién debemos perdonar? "Y perdónanos nuestras deudas, como también nosotros perdonamos a nuestros deudores" (Mt. 6:12).

2. ¿Qué tan a menudo y por qué perdonamos? (Mt. 18:21-35).

3. ¿Qué habría sucedido al siervo del rey si él no lo hubiera perdonado? (Mt. 18.25)

4. ¿Qué nos hubiera sucedido si Dios no nos hubiera mostrado compasión? "Porque de tal manera amó Dios al mundo, que ha dado a su Hijo unigénito, para que todo aquel que en él cree, no se pierda, mas tenga vida eterna" (Jn. 3:16).

5. El siervo no habría podido pagar la deuda ni siquiera en diez vidas. El rey comprendió esto y le perdonó la deuda. ¿Qué le costó al rey perdonar?

6. Después que el rey salvó al siervo y su familia de la prisión, ¿cómo esperarías que este hombre liberado tratara a otros (vv. 32-33)?

7. ¿Por qué crees que persiguió al que le debía tan poco en comparación con la deuda que él tenía?

8. ¿Quién se vio afectado por la falta de perdón de este siervo (Mt. 18:31)?

9. ¿Cómo llamó el rey al siervo perdonado que se negó a perdonar?

10. Es posible que "los verdugos" (vv. 34-35) se refiera a sentimientos de amargura. ¿De qué manera nos atormenta la amargura?

No es justo

Hay muchas razones por las cuales el perdón pareciera injusto. ¿Acaso la justicia no exige que el infractor pague por su delito?

Perdonar no elimina la ofensa. Perdonar al conductor ebrio que dejó a alguien paralítico no va a devolverle las piernas. Las personas que nos lastimaron no pueden devolver el tiempo y deshacer el daño que causaron. Tenemos que vivir con las consecuencias de su pecado. Cuando el rey en la historia de hoy saldó la deuda del siervo, nadie restableció su cuenta bancaria real. Tuvo que vivir sin el dinero que le debían.

Es fácil concentrarnos en las ofensas que cometen contra nosotras y olvidar la deuda que tenemos con Cristo. Natán le recordó a David que nuestras ofensas contra otros son pecados contra Dios.

El rey en la historia de Mateo representa a Cristo. Hubiera sido justo para Él dejarnos en las garras de Satanás. En lugar de eso, Él pagó nuestra deuda con su propia sangre. El siervo que fue perdonado somos nosotras. Tenemos con Jesús una deuda que nunca podemos pagar.

Tal vez te hayas preguntado qué has hecho que podría igualar los terribles agravios que han cometido contra ti. Al igual que David, nuestros pecados trajeron muerte. Llevaron al Hijo unigénito de Dios a la cruz.

Tú y yo nunca vamos a ir al infierno por causa del pecado que alguien cometa contra nosotras. En cambio, Jesús sufrió el infierno en la cruz por nuestras ofensas. Y Él lo hizo cuando éramos sus enemigos (Ro. 5:8-10). Él también sufrió por cada ofensa cometida contra nosotras. Si le recriminamos a alguien su pecado, nos volvemos como el siervo malo. Es como decirle a Jesús que su sufrimiento no fue suficiente.

La próxima vez que necesites perdonar a alguien, recuerda cuánto se te ha perdonado a ti. Sería injusto con Jesús y con nosotras mismas no perdonar.

Duele

Yo crecí viendo películas de vaqueros. Me daba escalofrío ver cuando alguien arrancaba una flecha del cuerpo de un vaquero herido. Por alguna razón, soltar una ofensa se siente como extraer una flecha punzante de un tejido que sangra. Para perdonar tenemos que *dejar atrás* la ofensa.

El beneficio de dejar atrás la ofensa es salud. El alivio es similar al que se siente después de vomitar algo tóxico. Yo detesto vomitar, pero me gusta el alivio que viene después.

Me he sentado a hablar con muchas mujeres que, una a una, han perdonado ofensas horrendas, incluso el incesto repetido y la violación colectiva. El proceso fue desgarrador, pero sus lágrimas dieron paso al alivio. Y dejaron de vivir con el temor de envenenar a sus seres queridos con amargura (Mt. 18:32-35; He. 12:15). El dolor pasajero de perdonar no se compara con el tormento eterno de vivir con amargura. Duele más *no* perdonar.

No puedo dejar atrás la ofensa

En el juego de tirar la cuerda, dos personas sujetan los extremos opuestos de una cuerda. Cuando una persona hala la cuerda, la otra experimenta un tirón. La amargura nos ata a aquel que nos agravió. Cada vez que vemos al ofensor o recordamos cómo nos lastimó, nuestra herida siente un tirón. Cuando perdonamos, es como soltar nuestro extremo de la cuerda.

Puede que la otra persona siga tirando de la cuerda, pero si ya la hemos soltado, sus acciones no nos controlan más. Cuando perdonamos, dejamos de tratar de cobrar el amor, el respeto o las disculpas que nos debe el ofensor. Cuando creemos que nuestro Rey ha saldado nuestra deuda y que de su abundancia suplió cada una de nuestras necesidades, ya no tenemos el impulso de cobrar a los siervos unas pocas monedas.

Las ofensas que son muy profundas precisan tiempo para sanar. No confundas dolor con amargura. El último apartado de esta semana trata este tema. Puede que la persona responsable del daño no reconozca su ofensa o no aprecie nuestro perdón. Sin embargo, Jesús recibe nuestro perdón como un hermoso regalo (Mt. 25:40).

Cómo perdonar por medio del poder del Espíritu Santo

1. Reconoce la ofensa delante de Dios. Considéralo como una forma de documentar la falta.
2. Menciona cómo te sentiste: "Perdono a mi madre por preferir a mi hermano mayor aunque yo me sentí indigna y que no me amaba". Entrega cada ofensa a Dios hasta que no tengas nada más qué perdonar a esa persona.
3. Entrega al ofensor y la ofensa a Dios. En un sentido, lo estás entregando a una agencia de cobranza llamada *Dios*. Eso significa que has renunciado al derecho de castigar, de vengarte y de obligarlos a aceptar tu punto de vista. No vas a seguir atada a ellos en un intento por recaudar disculpas o confesiones de su agravio.
4. Pide a Dios que trate con el ofensor como conviene para el sumo provecho de todos los implicados: *Señor, pongo a esta persona y esta ofensa en tus manos. Confío en que tú dispones esto para mi bien y para el bien de todos los que te aman. Te pido que obres en la vida de esta persona para su bien eterno.*

Si hay muchas personas a quienes debes perdonar, perdona a cada una de manera individual. Si el dolor persiste o vuelve a aparecer, afirma tu decisión de entregar al ofensor y la ofensa a Dios. Dale gracias porque Él los tiene en sus manos y dispondrá todo para el bien eterno de todos los que le aman (Ro. 8:28-29).

Yo no puedo confrontarlos

El perdón es algo que sucede entre Dios y nosotras. No tenemos que contactar a la persona que buscamos perdonar. Puede que esté muerta. Puede que niegue la ofensa, nos culpabilice o le reste importancia a lo que hizo y de esa manera nos lastime aún más.

Una mujer confesó que fue liberador para ella escuchar que no tenía que confrontar a su padre para perdonarlo. Él había abusado sexualmente de su hermana y de ella cuando eran pequeñas. Había vivido cautiva de la amargura porque sabía que nunca podría acercarse a él y hablar al respecto.

"Cuando usted dijo que el perdón era algo entre Dios y yo, y que yo no tenía que dirigirme a la persona que me había hecho mal, supe que deseaba perdonar a mi padre". Ella perdonó cada congoja que había albergado por muchos años. Esa semana su padre la llamó. "Por primera vez en mi vida adulta fui capaz de hablar con él sin sentir nudos en mi estómago". ¡Era libre!

Perdona por tu bien. Perdona por Cristo. Betsabé lo hizo. Su vida es prueba de la recompensa que vino gracias al perdón.

Vaya, hemos hablado de temas muy delicados. Ahora sabes más que la mayoría de personas acerca del amor y el perdón verdaderos. Mañana exploraremos los secretos de la *reconciliación* y de la *confianza*. Creo que te va a gustar.

Quiero recordar...

Escribe unas frases de la lección de hoy que te ayuden a recordar lo que Dios te ha enseñado.

Día tres

La delicada restauración de la confianza

Betsabé sufrió mucho después de la trágica noche en la que David mandó llamarla. Puede que ella se hubiera preguntado qué clase de futuro le esperaba con su matrimonio.

Para que una relación pueda florecer es indispensable restablecer la confianza que se ha hecho trizas. Mientras que una relación nueva empieza de cero, después de una traición una relación empieza por debajo de cero. La confianza de Betsabé en David debió quedar en cien bajo cero.

Se necesita tiempo para restaurar la fe en alguien. La confianza es algo que se gana, no es instantánea. No te culpes cuando tus sentimientos no se recuperen después de una infidelidad.

La confianza sufre entre tanto cualquiera de las partes de una relación persiste voluntariamente en pecar. David cultivó la confianza con Betsabé al asumir su responsabilidad por su pecado, restaurar su relación con Dios y volver a una vida piadosa.

Después que el profeta Natán confrontó a David por su pecado contra Betsabé y Urías, él escribió el Salmo 51. El encabezado indica que es para el director del coro. Esto indica que fue usado en la adoración pública. Cuando leas este salmo, piensa en el contexto en el cual David lo escribió.

Lectura bíblica ....

SALMO 51:1-13

Estudio y reflexión

1. ¿Cómo pudo haber ayudado esta confesión pública a cambiar la opinión que tenía Betsabé de David?

2. ¿Qué revela el salmo de David acerca de su carácter y de su relación con Dios?

3. ¿Qué perspectiva tiene él del juicio de Dios (v. 4)?

4. Cuando se restablece la confianza, ¿cuán importante es para el ofensor no solo afligirse por perjudicar a la víctima sino también quebrantarse delante de Dios?

5. ¿Qué revela el siguiente pasaje y cómo pudo ayudar esto a restaurar la confianza que tenía Betsabé en David? "Por cuanto David había hecho lo recto ante los ojos de Jehová, y de ninguna cosa que le mandase se había apartado en todos los días de su vida, salvo en lo tocante a Urías heteo" (1 R. 15:5).

6. La Biblia nunca nos manda confiar en todas las personas. ¿Qué advertencias hay para ti en los siguientes versículos?

    a. "El que anda con sabios, sabio será; mas el que se junta con necios será quebrantado" (Pr. 13:20).

    b. "No te entremetas con el iracundo, ni te acompañes con el hombre de enojos, no sea que aprendas sus maneras, y tomes lazo para tu alma" (Pr. 22:24-25).

    c. "No hables a oídos del necio, porque menospreciará la prudencia de tus razones" (Pr. 23:9).

    d. "No erréis; las malas conversaciones corrompen las buenas costumbres" (1 Co. 15:33).

7. Algunas personas se sienten mal cuando no confían en alguien. La confianza, al igual que la fe, solo es tan buena como el objeto en el cual se deposita. Dios no nos manda confiar en cualquier persona. ¿Qué aprendes de estos versículos acerca de la confianza?

    a. "Estando en Jerusalén en la fiesta de la pascua, muchos creyeron en su nombre, viendo las señales que hacía. Pero Jesús mismo no se fiaba de ellos, porque conocía a todos, y no tenía necesidad de que nadie le diese testimonio del hombre, pues él sabía lo que había en el hombre" (Jn. 2:23-25).

    b. "Cuando le maldecían, no respondía con maldición; cuando padecía, no amenazaba, sino encomendaba la causa al que juzga justamente" (1 P. 2:23).

8. Cuando no estamos seguras acerca de una relación, caminamos por la fe y aplicamos la luz que Dios ha provisto en su Palabra. Pon en práctica la siguiente promesa para quienes buscan seguir a Dios al tiempo que sostienen una relación difícil. "Y sabemos que a los que aman a Dios, todas las cosas les ayudan a bien, esto es, a los que conforme a su propósito son llamados" (Ro. 8:28).

Obra con sabiduría

La Escritura dice: "Si es posible, en cuanto dependa de vosotros, estad en paz con todos los hombres" (Ro. 12:18). No es posible vivir en paz con todo el mundo. Sin embargo, este versículo nos recuerda que la razón del rompimiento en una relación debe ser el pecado de la otra persona, no nuestra obstinación. Jesús no podía vivir en paz con los fariseos hipócritas y seguir en sintonía con su Padre. ¿Cómo podemos yo y mi casa servir al Señor y al mismo tiempo tolerar el pecado (Jos. 24:15)?

Hay una diferencia importante entre el perdón y la reconciliación. No tenemos que involucrar al ofensor para perdonarlo. No obstante, la reconciliación requiere la cooperación de ambas partes. Puede ser necesario hablar para procesar la ofensa. Nuestra parte consiste en perdonar y hablar la verdad en amor (Ef. 4:15, 25). No somos responsables de las palabras ni de las actitudes de la otra persona. Pero sí somos responsables de las nuestras.

Si sientes la necesidad de hablar con la persona que te lastimó, asegúrate primero de que tu corazón esté limpio. Ventila tus congojas en un diario o en una carta dirigida a Dios. Abandona la ofensa y deja que Dios te consuele. Recibe su perspectiva divina. Desahogar el dolor y el enojo de manera indiscriminada no ayuda a preparar el camino ni ayuda a que alguien nos escuche. A veces, después que perdonamos, ya no sentimos la necesidad de hablar con el ofensor.

Nuestro objetivo debe ser reconciliarnos con la otra persona, no castigarla (Mt. 18:15). Mencionamos la ofensa para aclarar un malentendido o para dar lugar al arrepentimiento. La venganza le pertenece a Dios (Ro. 12:19).

No podemos transformar al ofensor en una persona confiable. Podemos hacerle un llamado o petición, pero no podemos hacer que alguien comprenda nuestro punto de vista ni que desee entablar una relación provechosa con nosotras. Jesús anhelaba juntar a Israel bajo sus alas como una gallina junta a sus polluelos, pero ellos no quisieron (Mt. 23:37). Las personas que valoran una conversación sincera y libre de una actitud defensiva injustificada pueden construir relaciones saludables. Aquellas que culpan a otros por sus faltas difícilmente pueden entablar relaciones seguras.

Las personas bienintencionadas pueden decirnos cómo glorifica a Dios que nos reconciliemos con el ofensor. Sin embargo, cuando la persona no se ha arrepentido puede ser imprudente tratar de reconciliarse.

Se necesitan dos

Las relaciones rotas pueden sanar. La confianza puede restaurarse, pero solo cuando ambas partes quieren caminar juntas en justicia. "¿Qué compañerismo tiene la justicia con la injusticia? ¿Y qué comunión la luz con las tinieblas?" (2 Co. 6:14). La relación no va a sanar en tanto que alguna de las partes se aferre al pecado o a la amargura.

Con todo, Dios usa aun estas situaciones para el bien de aquellos que le aman. Él usa la aflicción de la traición y las relaciones rotas para quemar la paja en nuestro carácter y a cambio darnos la belleza de su carácter. Él nos embellece a lo largo del proceso.

Quiero recordar...

Escribe unas frases de la lección de hoy que te ayuden a recordar lo que Dios te ha enseñado.

Día cuatro
Seguir adelante

De los numerosos hijos que tuvo David con sus muchas esposas, ¡Dios escogió dos hijos de Betsabé para incluirlos en la genealogía de Jesús! Betsabé venció sus pérdidas y bendijo a las generaciones venideras.

Lectura bíblica ....

1 Crónicas 3:1-9

Proverbios 31:1-15

Estudio y reflexión

1. ¿De cuál hijo de David viene María, la madre de Jesús? "…hijo de Melea, hijo de Mainán, hijo de Matata, hijo de Natán, hijo de David" (Lc. 3:31).

2. ¿A cuál hijo de David vincula este versículo el linaje real de José, el padre adoptivo de Jesús? "...Isaí engendró al rey David, y el rey David engendró a Salomón de la que fue mujer de Urías" (Mt. 1:6).

3. David y Betsabé llamaron a uno de sus hijos Natán, como el profeta que confrontó a David por su pecado. A partir de los siguientes versículos, ¿qué aprendes acerca de David y Betsabé?

   a. "No reprendas al escarnecedor, para que no te aborrezca; corrige al sabio, y te amará" (Pr. 9:8).

   b. "El que reprende al hombre, hallará después mayor gracia que el que lisonjea con la lengua" (Pr. 28:23).

4. La *Biblia de estudio Ryrie* dice que es posible que el rey Lemuel, en Proverbios 31, haya sido el rey Salomón. Lemuel significa "perteneciente a Dios", y es posible que haya sido el nombre especial que tenía Betsabé para su hijo.[6] Ahora que conoces la historia de Betsabé, lee Proverbios 31:1-5. ¿Qué frases sabias de esta madre para su hijo rey pudieron ser fruto de su experiencia previa con el rey David?

La advertencia de la sabiduría

He aconsejado a muchas mujeres cuyas experiencias con sexo inapropiado tenían alguna conexión con el alcohol. El alcohol disminuyó su capacidad de decisión o sus defensas y las hizo presa fácil de la transigencia o el abuso. Una inocente caricia en la espalda se convirtió de repente en traición y lágrimas.

David procuró "embriagar" a Urías para intentar manipularlo (2 S. 11:13). Es posible que haya hecho lo mismo con Betsabé. Proverbios 31 dice que la bebida nubla el entendimiento y hace que los reyes perviertan el derecho de los oprimidos. Tal vez David estaba bebiendo cuando mandó llamar a Betsabé y cuando mandó a Urías a una muerte segura.

Aprende de la sabiduría de Proverbios. Las princesas también tienen que cuidarse de las bebidas fuertes y de los hombres que son ávidos de consumirlas.

Quiero recordar...

Escribe unas frases de la lección de hoy que te ayuden a recordar lo que Dios te ha enseñado.

Día cinco

Disfruta de la asombrosa obra de Dios

En algún momento, David prometió a Betsabé que su hijo heredaría el trono (1 R. 1:13, 17, 30; 1 Cr. 22:9-10). Antes de casarse con Betsabé, David tuvo hijos de otras esposas y concubinas, de modo que esta era una promesa muy significativa para ella. Quizá fuera una manera en que David consoló a Betsabé después de perder a su primogénito. Salomón fue un regalo de Dios después de esa pérdida.

El rey David tenía setenta años cuando sucedió el complot para robar el trono (2 S. 5:4). Él y Betsabé habían estado juntos alrededor de veinte años.

En vista de que el cuerpo gastado de David no lograba calentarse, se escogió a una joven virgen como su enfermera. Aunque David nunca tuvo relaciones sexuales con Abisag, ella fue considerada como una de sus concubinas. Adonías era el hermano mayor de Salomón, de diferente madre. Ryrie comenta que la petición de Adonías de tener a Abisag era "una confabulación para usurpar el trono" de Salomón.[7]

Después de la coronación de Salomón, Betsabé se convirtió en la reina madre. ¿Fue ella ingenua o políticamente sagaz cuando comunicó la petición de Adonías a Salomón? Es posible que el deseo de restaurar la armonía familiar haya nublado su capacidad para discernir. ¿O accedió ella a transmitir la solicitud de Adonías porque sabía que el sabio Salomón vería la amenaza que esto suponía?

Lectura bíblica ....

1 REYES 1

1 REYES 2:12-25

Estudio y reflexión

1. ¿Qué papel jugó Betsabé en asegurar el trono para Salomón? ¿Qué estaba en juego para ella y para Salomón si Adonías se convertía en rey?

2. ¿Por qué crees que Natán necesitaba que Betsabé hiciera parte del plan para coronar a Salomón como rey?

3. Observa cómo el rey Salomón saludó a Betsabé (1 R. 2:19). ¿Qué revela esto acerca de su relación?

4. ¿Cómo respondió Betsabé al mensaje de Salomón?

5. ¿De qué maneras te identificas con Betsabé o la admiras?

6. ¿Qué aprendiste acerca de Dios a partir de la historia de Betsabé?

7. ¿Qué quieres recordar de Betsabé?

Cuando esperas seguir adelante... Lecciones adicionales de Betsabé

Después de que miró a Betsabé mientras ella tomaba un baño, David necesitaba tomar un baño para ser limpiado. Si David hubiera encomendado sus deseos lujuriosos a Dios, Él lo habría limpiado. David se habría ahorrado años de tragedia, angustia y pérdida. En lugar de eso, sus pensamientos se convirtieron en acción. Muchas personas inocentes fueron sacrificadas en el altar de los deseos de David, entre ellos los soldados que peleaban junto con Urías cuando David lo mandó matar.

El pecado de David contaminó su familia. Tal como predijo Natán, la espada que más hirió a David vino de su propia casa (2 S. 12:10-19). El pecado es un camino tortuoso. Nunca podemos predecir a dónde nos llevará. Refiriéndose a este período de la vida de David, alguien comentó: "El pecado te llevará más lejos de lo que quisiste ir, te costará más de lo que deseaste pagar, y te mantendrá por más tiempo de lo que esperabas quedarte".

Algunos creen que las consecuencias del pecado son una expresión de la ira de Dios. Mientras que Dios disciplina a los que ama, Él se esmera en advertir acerca de las consecuencias inevitables del pecado. Muchas consecuencias son inherentes al pecado. Cuando pones tu mano en una hornilla, nadie viene y ampolla tu mano para enseñarte una lección. Las ampollas son un resultado natural. Lo mismo sucede cuando nos alejamos del camino despejado de Dios; el pecado nos afecta a nosotras y a nuestros seres queridos.

Una mujer cuyo esposo la abandonó por otra mujer me preguntó: "¿Qué hice para merecer esto?". Su esposo la había engañado antes del matrimonio, pero como ella había sostenido relaciones sexuales con él, decidió casarse con él de todos modos. Si ella se hubiera comprometido a permanecer pura, no se habría casado con él. ¿Es probable que las decisiones que tomó esta mujer años atrás hayan contribuido al sufrimiento actual? Yo creo que sí.

Conducir en el carril equivocado de la autopista es peligroso. Lo trágico es que, aun cuando conducimos en el lado correcto del camino, alguien puede lastimarnos. Es posible que alguien, por falta de cuidado o por transgresión, se atraviese en nuestro carril.

Natán describe a Urías y a Betsabé como ese tipo de víctimas. Para muchos, la reputación de ella está ligada a este horrible evento. Muchos padres llaman a sus hijos David, pero ¿cuántas niñas conoces que se llamen Betsabé?

El perdón acarrea consecuencias

Perdonar a David y vivir con él después de tanto dolor parece algo imposible. Con todo, Betsabé perdonó a David. Ella eligió confiar a Dios su reputación, sus pérdidas y su vida. Dios la recompensó con influencia en las vidas de los dos reyes más grandes de Israel. Dos hijos suyos son parte de la genealogía de Jesús. Ninguna otra mujer ostenta esa distinción.

Salomón, el rey más sabio de Israel, es antepasado de José, el padre adoptivo de Jesús. Por intermedio de este linaje, Jesús recibió su derecho a ser rey. Por intermedio de María su madre, Jesús era descendiente de Natán, hijo de Betsabé.

Por causa de su maldad, Dios maldijo el linaje real de David en generaciones posteriores. Los rabinos se rascaban la cabeza tratando de entender cómo el Mesías podía heredar el trono de David y no ser de la estirpe real que quedó bajo maldición. La solución: el Mesías nacería de una virgen del linaje no real de David, y recibiría el título real de su padre adoptivo. Ambos linajes proceden de David y Betsabé.

Algunos pintan a Betsabé como una provocadora. Eso no se conforma a la descripción de las Escrituras. Betsabé se estaba bañando en sus aposentos privados durante la noche. David pudo haber apartado la vista cuando se fijó en lo que hacía. Pudo haber decidido no preguntar por ella. Cuando supo que era casada, él no tenía que enviar mensajeros para traerla a su presencia. Nadie enviaría a alguien a capturar una hermosa baratija que vio en la casa de otra persona.

David no tenía que violarla. Después de que su embarazo amenazaba con sacar a la luz su pecado, él hubiera podido confesar. En lugar de eso, se hundió más y más en el engaño, enviando a Urías a una muerte segura. El pecado llevó a David más lejos de lo que él planeó.

Quizá Betsabé fue ingenua. Quizás el vino, el encanto y la autoridad real de David la cautivaron. Tal vez ella debió utilizar otro lugar para bañarse. Sin embargo, según la describe Natán como "corderita", es evidente que Dios responsabilizó a David.

Muchas víctimas que han sufrido abuso sexual a una edad temprana se culpan a sí mismas por no haber impedido el abuso. Esta culpa es engañosa. Quienes han sido esa clase de víctimas pueden recibir consuelo del juicio que imparte Dios en esta historia de David y Betsabé. El abusador, mas no la víctima, fue declarado responsable. David era "el hombre" que merecía la muerte. Y los hijos de David de otros matrimonios ejecutaron el juicio divino que le comunicó Natán.

Nuestra cultura valora en gran manera el atractivo sexual. La belleza de Betsabé la hizo presa de la lujuria de David. Esto no fue su culpa. Si ella se hubiera propuesto seducirlo con su belleza, ese hubiera sido su pecado. No es infrecuente que los abusadores y la sociedad culpen a la mujer por el abuso. Puede que el abusador culpabilice a su víctima del abuso. Puede que incluso lo llame "amor".

Cuando el abusador sexual es alguien de confianza, esto es particularmente confuso.

Después del abuso, la víctima siente que ya no vale y que queda señalada. Satanás se deleita con esa reacción. Aunque Betsabé pudo haber experimentado esas emociones, las venció convirtiéndose en una reina influyente. Tal vez sus oídos fueron los primeros en oír a David tocar su arpa y cantar sus nuevos salmos. Ella creyó que si Dios había limpiado a David, sin duda había lavado también la mancha de su víctima.

Seguir adelante

El Salmo 51 fue presentado al director del coro después que Natán confrontó a David por su pecado. En otras palabras, David aceptó públicamente la completa responsabilidad por sus acciones. Él no culpó a Betsabé, sino que buscó restaurar la fe de ella en él.

Los salmos de David demuestran su regreso a Dios. Nada inspira más confianza en una mujer de fe como ver a su hombre reconciliado y en comunión con Dios. Si David hubiera aceptado su pecado con Betsabé, pero no con Dios, dudo que ella hubiera confiado en él plenamente.

Si ha existido un matrimonio que tuvo un mal comienzo es este. Además de ser usada como un objeto, de manchar su reputación y de la pérdida de su esposo Urías, Betsabé perdió a su primer hijo. Perder a un hijo pone a una pareja bajo un estrés extremo. En lugar de culpar a David por sus muchas pérdidas, Betsabé aceptó que él la consolara. El hecho de haber estado dispuesta a arrancar la semilla de amargura antes de que echara raíces es un testimonio de su propia relación con Dios.

Si Betsabé se hubiera aferrado a su dolor y vergüenza, y se hubiera apartado de David y de la corte, se habría perdido grandes bendiciones (y de paso nosotras). Algunos creen que Proverbios 31 constituye un registro de las lecciones que Salomón aprendió de Betsabé. Su influencia ayudó a asegurar el trono para Salomón.

Esta reina es la evidencia de las bendiciones reservadas a quienes reciben la sanidad de Dios y extienden su perdón.

Limpiar la herida

El perdón bíblico es una habilidad esencial para la vida. Perdonar una ofensa limpia una herida emocional para que podamos sanar sin sufrir una infección.

Las heridas físicas nos ayudan a entender las heridas emocionales. Si las heridas no se limpian puede aparecer una infección y propagarse. Puede que lavar una raspadura superficial no arda, pero tocar una herida profunda produce estremecimiento. Cuanto más profunda es la herida, más sensible es al tacto. Las heridas profundas necesitan limpieza más frecuente que una simple raspadura. Una lesión profunda supura después de ser limpiada y debe lavarse y vendarse repetidas veces. La frecuencia con que se cuida una herida disminuye conforme esta sana.

Cuanto más profunda es una herida, más doloroso es el acto de perdonar. Algunas ofensas se perdonan fácilmente. Otras, como las lesiones que supuran, causan un dolor penetrante. No te culpes cuando eso suceda. Solo "limpia" tu herida otra vez. Reafirma tu perdón. A medida que sanas, ese dolor aparecerá con menor frecuencia.

Una herida profunda puede palpitar cuando se golpea, aun cuando parece que ya ha sanado e incluso años después. Traer recuerdos del pasado o encontrarse con alguien asociado con una herida puede despertar una herida emocional. Esta sensación punzante puede doler profundamente, pero por lo general es pasajera.

Aunque nosotras no podemos sanar nuestras propias heridas, sí podemos facilitar el proceso de sanidad con una buena nutrición e higiene. En un cuerpo saludable, las heridas sanan. Nuestro cuerpo sana diferentes tipos de heridas a velocidades diferentes. Algunas sanan rápidamente y nunca vuelven a molestarnos. Otras se activan bajo el estrés o los cambios de clima. Algunas dejan cicatrices que nos recuerdan nuestras batallas.

Limpiamos nuestras heridas con la misma frecuencia con que

despiertan en nosotras pensamientos y emociones de amargura. Nutrimos nuestra vida espiritual con la Palabra de Dios y la comunión con Dios y con su cuerpo, la iglesia (Ef. 5:26). "Pero clamaron a Jehová en su angustia, y los libró de sus aflicciones. Envió su palabra, y los sanó" (Sal. 107:19-20).

¿Tienes una herida reciente? ¿Qué herida del pasado fue golpeada recientemente? Lava tu herida y perdona (otra vez) a la persona que te lastimó. Nutre tu vida con la Palabra de Dios y con amigos piadosos de confianza. Reconcíliate con quien de manera sincera se aparta del mal.

Betsabé se negó a recibir el estigma del mundo. Nosotras también podemos rechazarlo. Si nos perdonamos a nosotras mismas y extendemos gracia y perdón a quienes nos han lastimado, nos liberamos del pasado. Una vida que perdona es una vida libre. Dios es más grande que nuestras ofensas. Él mostró su gracia a Betsabé y a David, y hará lo mismo por ti.

Quiero recordar...

Escribe unas frases de la lección de hoy que te ayuden a recordar lo que Dios te ha enseñado.

Peticiones de oración

Anota aquí las peticiones de oración de tu grupo.

_____

_____

_____

_____

_____

_____

Un Dios más grande que mis problemas

Cuando enfrentas lo imposible

María significa "la rebelión de ellos".

Qué necio he sido. *José pateó una piedra y eligió el camino más largo a casa.* ¿Cómo pudo María inventar semejante historia y aún así parecer tan sincera? *Se tiró de la barba.* ¿Cómo pude haber estado tan equivocado con respecto a ella? ¿Está ella demente o soy yo quien está loco?

LA VIDA TIENE SUS IRONÍAS, Y LO MISMO SUCEDE CON LA LISTA DE mujeres de Mateo que aparecen en la genealogía de Jesús. Cada mujer que hemos estudiado ha vencido algún tipo de limitación avasalladora. Rut provenía de una cultura pagana con una historia antisemita. Tamar y Betsabé estaban envueltas en escándalos sexuales. Rahab era una prostituta. ¿Qué podía empañar la reputación de María? El nacimiento virginal, el símbolo mismo del favor especial de Dios, expuso a María, a José y a Jesús al ridículo.

Los siervos de Satanás se disfrazan como "ángeles de luz". Parecen intachables. En cambio, los siervos de Dios son con frecuencia imperfectos. Son reales, no farsantes retocados.

María, la madre de Jesús, es la mujer más conocida de las que aparecen en la genealogía de Jesús. Mientras que algunos católicos la han adorado, muchos protestantes la han ignorado. La Biblia describe a una mujer asombrosa que merece nuestro respeto, una mujer que era consciente de su necesidad de un Salvador. Su nombre significa "la rebelión de ellos". En la época en que María vivió, los judíos estaban bajo la tiranía de la ocupación romana. En el Nuevo Testamento encontramos muchas mujeres que se llamaban María. Tal vez era costumbre llamar así a las niñas judías por causa de la opresión del pueblo.

Esta María le dio un vuelco total al significado de ese nombre. Los retratos y las esculturas de la Madona captan una visión de serenidad que encaja muy bien con el retrato bíblico. Lejos de ser rebelde, María es el modelo perfecto de rendición y sumisión a Dios. A menudo encontramos a María meditando acerca de los sucesos extraordinarios en torno al nacimiento y la vida de Jesús. Su naturaleza contemplativa no se traducía en indecisión. Lejos de eso. Ella era diligente en someterse a Dios, a su plan, a sus advertencias, aun cuando indudablemente abrigaba muchas preguntas, inquietudes y temores.

María permaneció firme en su fe aun cuando el llamado de Dios significaba probablemente la vergüenza pública, la enemistad con su prometido y un viaje nocturno a un país extranjero. Ella no discutió como Moisés, ni huyó como Jonás, ni trató de ayudar a Dios como Sara. Ella se rindió por completo y sin restricciones al plan específico de Dios para su vida.

Dios le confió a la adolescente María el privilegio y la responsabilidad de dar a luz y criar a su Hijo. El dolor de ser testigo del escarnio, la vergüenza y la crucifixión de su primogénito traspasaría su corazón. No habría carnero en el zarzal para salvar a su Hijo como salvó Dios al hijo de Abraham. El Hijo de María es el Cordero de Dios que quita el pecado del mundo. Sin embargo, ella se gozará en su prodigiosa resurrección y será testigo del nacimiento de la iglesia.

El sometimiento de María al plan de Dios produjo serenidad.

¿Has encontrado ese lugar de descanso para tu corazón? Pide a Dios que te revele el secreto del sometimiento y la serenidad a través de tu estudio sobre María.

El Dios de lo imposible

El hecho de que María fuera una adolescente pobre originaria de una pequeña aldea no la dejó fuera del radar divino. Dios no solo conocía la dirección del lugar donde ella vivía, sino su trasfondo, su corazón y el papel único que ella cumpliría en su historia.

La mayoría de nosotras conocemos el encuentro que tuvo María con el ángel Gabriel. No obstante, imagina por un momento que eres María. ¿Cómo reaccionarías si un ángel te visitara? María afirmaba que su antepasado era el rey David, pero ella ni siquiera provenía del linaje real. ¿Qué había hecho para conseguir la atención de Dios?

Lectura bíblica..
LUCAS 1:26-38

Estudio y reflexión

1. ¿Qué te parece sorprendente acerca del encuentro de María con el ángel y su reacción frente a su anuncio?

2. ¿Cómo demostró María su confianza y su rendición a Dios (Lc. 1:38)?

3. ¿Cuál era la parte que correspondía a María y la parte que correspondía a Dios en el cumplimiento del plan divino (Lc. 1:34-38)?

4. ¿Qué papel juegas o qué desafíos enfrentas que parecen demasiado difíciles para ti?

5. ¿Qué cambiaría si frente a los desafíos, al igual que María, nosotras nos enfocáramos en la capacidad del Espíritu Santo en vez de pensar en nuestras limitaciones?

6. Explica lo que significa en tu situación las palabras de Lucas 1:37: "porque nada hay imposible para Dios".

Los misterios sobrepasan el entendimiento

Dios le asignó a María una tarea humanamente imposible. ¿Cómo podía ella, siendo virgen, engendrar un hijo? No podía. Y Dios no esperaba que ella lo hiciera. Dios le dijo que Él lo haría por medio de ella.

Cuando Dios nos llama, Él ya sabe cómo va a llevar a cabo su plan. Él no espera que nosotras busquemos la manera de realizar lo imposible. Su Espíritu Santo obra por medio de nosotras, y Él recibe la gloria. Es un gran misterio cómo Dios usa vasijas humanas frágiles para llevar a cabo su voluntad.

María no trató de resolver el dilema de cómo llevar a cabo con éxito su misión. Ella sabía que Dios cumpliría su voluntad por medio de ella. Cuando creemos que está en nuestras manos resolver nuestros problemas, vencer un obstáculo o llevar a cabo lo imposible, nos agotamos y terminamos abrumadas. Cuando confiamos que Dios va a cumplir su voluntad por medio de nosotras, tenemos paz.

¿Crees que Dios es más grande que el desafío que tienes por delante? Conocer al Dios de lo imposible es el primer paso para experimentar serenidad.

Quiero recordar...

Escribe unas frases de la lección de hoy que te ayuden a recordar lo que Dios te ha enseñado.

Día dos
La sierva de Dios

María respondió: "He aquí la sierva del Señor; hágase conmigo conforme a tu palabra" (Lc. 1:38).

El estigma de la ilegitimidad persiguió a Jesús a lo largo de su vida (Jn. 8:41). En nuestra sociedad moralmente laxa no podemos comprender bien la vergüenza que esta etiqueta conllevaba en la cultura en la que vivía María. Si estás familiarizada con libros escritos hace apenas un siglo, te harás una mejor idea. Una carta comprometedora bastaba para marginar a una mujer de la sociedad educada, ni qué decir de un embarazo fuera del lecho matrimonial.

Pero a María le importaba más lo que Dios sabía que era verdad acerca de ella que las murmuraciones de la gente. Pablo refleja el mismo sentimiento en Gálatas 1:10: "¿busco ahora el favor de los hombres, o el de Dios? ¿O trato de agradar a los hombres? Pues si todavía agradara a los hombres, no sería siervo de Cristo".

María debió tener muchas preguntas: "¿Qué va a pensar José? ¿Lo perderé? ¿Qué hará esto a mi reputación? ¿Voy a ser rechazada? ¿Voy a ser apedreada?". A pesar de todo, ella no interpuso condiciones ni exigió garantías antes de aceptar el plan de Dios para ella.

María se llamó a sí misma "la sierva del Señor". "Sierva" viene de la palabra griega *doulos* y significa "esclavo", o "esclavo consagrado a los intereses de su amo al punto de menospreciar sus propios intereses".[1] Se trataba de una relación permanente basada en el deseo del siervo. "Yo soy la sierva del Señor. Hágase conmigo conforme a tu palabra".

Lectura bíblica..
LUCAS 1:38-56

Estudio y reflexión

1. Si tú fueras María, ¿qué preguntas e inquietudes podrías haber tenido después de la visita del ángel?

2. ¿Qué impedimentos frenan tu rendición completa a la Palabra de Dios y a su voluntad para tu vida?

3. ¿De qué manera conocer el carácter de Dios aquieta tus preocupaciones?

4. El hijo en el vientre de Elisabet saltó de alegría al oír la voz de María (Lc. 1:41-44). ¿Qué te dice esto acerca de la vida que lleva una mujer en su vientre?

5. ¿Por qué razón elogia Elisabet a María (Lc. 1:45)?

6. Según el versículo citado a continuación, ¿por qué es importante la fe? "Pero sin fe es imposible agradar a Dios; porque es

necesario que el que se acerca a Dios crea que le hay, y que es galardonador de los que le buscan" (He. 11:6).

7. El ángel le dijo a María que su prima Elisabet, que era mucho mayor que ella, estaba embarazada. Un ángel le dijo a Zacarías, el esposo de Elisabet, que su hijo sería el precursor del Mesías. Ahora el Espíritu Santo revela a Elisabet que María lleva en su vientre al Cristo. ¿Por qué crees que el Señor quería que cada una supiera acerca del milagro que sucedía en la otra (Lc. 1:17, 36, 39-45)?

8. María llamó a Dios su Salvador (Lc. 1:47). Según esta afirmación y los siguientes pasajes, ¿enseña la Biblia que María era libre de pecado? ¿Por qué sí o por qué no? "No hay justo, ni aun uno; por cuanto todos pecaron, y están destituidos de la gloria de Dios" (Ro. 3:10, 23).

9. Con base en el cántico de María (Lc. 1:46-55), ¿cómo describirías su relación con Dios y su reacción al ser escogida para una tarea tan abrumadora?

Cántico de alabanza

Jesús envió a sus discípulos por parejas. Dios juntó a María y a Elisabet para que compartieran el gozo y el asombro del milagro extraordinario que cada una experimentaba. Esto, sin duda, reconfortó a María antes de decirle a José que estaba encinta.

Dios nos ha creado de tal modo que nos necesitamos los unos a los otros. Cuando compartimos nuestras esperanzas, nuestras dudas y nuestras penas con personas que entienden, se multiplica nuestro gozo y se reafirma nuestra fe.

El cántico de alabanza de María, al que han llamado el Magnificat, hace por lo menos quince citaciones del Antiguo Testamento. Siendo tan joven, probablemente unos quince años nada más, María conocía las Escrituras. Su fundamento espiritual la preparó para la misión que Dios tenía para ella. Ella no se mostró temerosa. Podemos escuchar su gozo y su asombro porque Dios la escogiera a ella para cumplir ese papel en su plan divino.

Cuando ministraba a un grupo de creyentes en la cortina de hierro, mencioné con ayuda de un intérprete cuán difícil debió haber sido para María, que era una joven común y corriente, criar a un hijo perfecto. Mi anfitriona declaró que María era libre de pecado, al igual que Jesús. Si bien muchos han elevado a María al nivel de perfección inmaculada, María reconoció su necesidad de un Salvador.

María es especial no porque le fuera dada una naturaleza superior al resto de los mortales. Ella es extraordinaria porque, a pesar de su condición humana, practicó una fe inquebrantable. María demostró el aplomo del cual podemos echar mano cuando enfrentamos circunstancias de gran tensión emocional. Una sierva debe agradar únicamente a su amo. Lo que las demás personas piensen de nosotras no importa. *Señor, ¡ayúdame a vivir como María!*

Quiero recordar...

Escribe unas frases de la lección de hoy que te ayuden a recordar lo que Dios te ha enseñado.

Día tres
Incomprendida

Yo sé que los caminos de Dios son mejores que los míos. Es decir, hasta que aparecen obstáculos. En ese momento me parece que mi plan es mejor.

¿Quién puede culpar a José por dudar de la historia de María? La noticia de María de que tenía tres meses de embarazo tras su repentina visita a su prima, podía desconcertar a cualquier hombre. Si yo hubiera organizado los sucesos, habría enviado primero al ángel para hablar con José. ¿Por qué no evitar esta tensión y el malentendido? José, quien era cabeza de su casa, probablemente sintió también que Dios debió haberle dicho primero. Puesto que él no había oído nada de Dios en ese momento, ¿cómo podía creerle a María?

Los caminos de Dios son mejores, pero pueden ser desconcertantes. Dios estableció el parámetro de las normas morales. ¿Por qué permitiría que las personas creyeran que la bienaventurada María era inmoral, cuando la verdad era que ella y José demostraron un gran temple? José la guardó virgen hasta después del nacimiento de Jesús.

Eso también debió resultar confuso para María. Esta reputación deplorable podría haber arruinado el negocio de carpintería, ya que trabajaba para clientes judíos religiosos. Quizás este malentendido inspiró en la pareja compasión por aquellos que no iban a creer su historia y por otros a quienes la sociedad juzga mal. Asimismo, José nos deja ver un ejemplo estelar de la manera piadosa en que debemos responder a la traición. Él tenía el derecho bíblico de divorciarse, pero prefirió no avergonzar a María en el proceso.

Tal vez Dios permitió ese malentendido por causa de ti y de mí. Duele cuando las personas creen mentiras acerca de nosotras. Es un gran consuelo saber que algunos santos que contaron con el favor de Dios fueron también incomprendidos. Sea cual sea la razón por la cual Dios lo hizo, sabemos que esta pareja experimentó por sí misma cómo Dios es más grande que su situación imposible. Dios convenció a José acerca de la fidelidad y la pureza de María.

Dios estaba fortaleciendo la fe de María y de José para enfrentar mayores desafíos. En la siguiente situación imposible ellos podrían mirar en retrospectiva y recordar que nada es imposible para Dios. La eternidad confirma que nuestro Padre celestial siempre sabe lo que es mejor.

Lectura bíblica ....

LUCAS 1:38-40, 56

MATEO 1:18-25

Estudio y reflexión

1. ¿Por qué crees que María se fue a pasar una temporada con su prima Elisabet en lugar de correr a buscar a José para contarle el mensaje de Gabriel?

2. Al cabo de tres meses en compañía de Elisabet, María estaba lista para enfrentar a José. Aunque María no había hecho nada malo, quedaba la pregunta de si José iba a creerle. ¿Cómo reaccionó José a la noticia que le anunció María (Mt. 1:18-19)?

3. ¿Por qué José decidió divorciarse de María en secreto en lugar de avergonzarla delante de toda la comunidad judía (Mt. 1:19)?

4. Dios nunca llega tarde, pero sus rescates con frecuencia son tan estrechos que no dan holgura. ¿Cómo rescató Dios a María y a José de esta terrible encrucijada (Mt. 1:20)?

5. María y José recibieron, cada uno por su lado, el mandato de llamar al bebé Jesús, "porque él salvará a su pueblo de sus pecados" (Mt. 1:21; Lc. 1:31). ¿Cómo pudo haber ayudado a la pareja este anuncio que fue dado en dos momentos diferentes?

6. Tal vez el ángel le recordó a José que Dios estaba cumpliendo su palabra que habló por medio del profeta en la antigüedad en Isaías 7:14: "Por tanto, el Señor mismo os dará señal: He aquí que la virgen concebirá, y dará a luz un hijo, y llamará su nombre Emanuel".

   a. En Mateo 1:24-25, ¿qué revela acerca de José su respuesta frente al sueño?

   b. ¿Qué arriesgó José al tomar como esposa a María, que ya tenía tres meses de embarazo?

7. ¿De qué manera los cuestionamientos y las actitudes de desaprobación de los demás afectan a tu compromiso de caminar valerosamente con Jesús?

El proceso matrimonial judío del Nuevo Testamento

A veces se llama a María esposa de José. En otras ocasiones, la Escritura se refiere a la pareja como que estaban comprometidos. ¿Cuál era su estado legal?

En los pasajes del Nuevo Testamento, la palabra "esposa" es el término griego *guné*, que puede referirse a una mujer de cualquier edad, ya sea virgen, casada o viuda. La palabra también significa una mujer prometida. Jesús usó la misma palabra para dirigirse a María en la boda en Caná (Jn. 2:4) y desde la cruz (Jn. 19:26). En el Nuevo Testamento, *guné* se traduce 129 veces "mujer" y 92 veces "esposa".[2]

Cuando Mateo 1:24 dice que José la tomó de inmediato como esposa no contradice Lucas 2:5 cuando refiere que estaban comprometidos en el momento del alumbramiento. María era su *guné*, su prometida virgen. Lo mismo es cierto respecto a la palabra bíblica que se traduce "esposo" en Mateo 1:19. Puede significar un hombre, un esposo, un prometido o un futuro esposo.[3]

En *The Indescribable Gift*, Richard Exley explica los tres pasos del matrimonio judío. Primero venía el compromiso, un contrato que acordaban los miembros de la familia. Luego venía el desposorio, "una ratificación pública del compromiso". De acuerdo con Exley, "durante este período la pareja es considerada como marido y mujer, aunque el matrimonio no haya sido consumado. La única forma en que un desposorio podía ser cancelado era por muerte o por divorcio. Una joven cuyo prometido moría durante este período se denominaba 'una viuda virgen'. La última etapa es el matrimonio como tal, cuando el novio toma a su novia en el aposento nupcial y consuma el matrimonio. Después de esto viene una fiesta de bodas".[4]

Puesto que José no tuvo relaciones sexuales con María hasta después del nacimiento de Jesús, ellos no habrían tenido un matrimonio ni una boda propiamente dichos. Se desató la murmuración cuando José tomó a María para que ella viviera con él después de que ella tenía por lo menos tres meses de embarazo. Los rumores de ilegitimidad persiguieron a Jesús hasta la vida adulta (Jn. 8:41). José necesitó la visita de un ángel que lo convenciera de la inocencia de María. ¿Cómo podría esperar que sus padres y su comunidad lo entendieran?

La pareja que practicó un temple extraordinario conviviendo sin sexo durante seis meses, fue catalogada como una pareja incapaz de controlarse. ¿Se perjudicó el negocio de José por cuenta de este malentendido?

Muy pocos entendieron que Dios estaba cumpliendo lo que había predicho cientos de años antes (Mt. 1:23, citando Is. 7:14). A lo largo del ministerio de Jesús, sus peores críticos fueron los líderes religiosos, aquellos de quienes se esperaría mayor entendimiento. A veces, caminar con Dios es una experiencia solitaria. Su llamado puede ser claro para nosotras, pero es posible que otros que no han escuchado el llamado no lo entiendan.

¿Cómo enfrentar la traición?

¿Recuerdas cómo reaccionó Judá cuando supo que Tamar estaba embarazada? Exigió que fuera arrastrada y quemada. Judá fue pronto en castigar y avergonzar públicamente a Tamar, a pesar de que él fuera también culpable. Qué diferente fue la respuesta de José. María se ausentó de repente de la aldea durante tres meses. Cuando regresó con la noticia "estoy embarazada, pero no es lo que crees. Yo llevo en mi vientre al Mesías", José quedó desolado. Tal vez se preguntó cómo ella era capaz de inventar semejante mentira para encubrir su infidelidad. Pero aun en medio de la confusión emocional, su carácter justo lo guio a romper la relación de una manera discreta y cortés. Entre tanto que meditaba en esto, el ángel apareció y lo detuvo.

He notado que quienes son prontos a exponer y avergonzar a otros (como Judá) a menudo ocultan sus propios secretos indecentes. Es como si creyeran que la demostración pública de indignación los absolviera de su propia culpa. Mostrar a otros que se sabe distinguir entre el bien y el mal no los hace justos delante de Dios. De hecho, se condenan a sí mismos. Muestran que son culpables del mismo delito que condenan en otros.

José es un modelo de una respuesta a la traición que se asemeja a la de Cristo. La amabilidad y la gracia dejan la puerta abierta para que el ofensor se arrepienta y sea restaurado delante de Dios y de su pueblo. En el caso de José, cuando la reputación de María quedó esclarecida, él solo tuvo que deplorar el haber dudado de la historia que ella le había contado. No tenía remordimientos respecto a cómo había manejado el asunto.

Quiero recordar...

Escribe unas frases de la lección de hoy que te ayuden a recordar lo que Dios te ha enseñado.

Día cuatro

Expectativas frustradas

Augusto César exigía impuestos. A él no le importaba si recaudarlos suponía grandes incomodidades para los ancianos o las mujeres embarazadas. Para un censo oficial, miles de familias tenían que viajar durante días e incluso más tiempo para llegar a sus ciudades natales. Estos penosos viajes no solo eran costosos para quienes los hacían, sino que suponían días sin recibir ingresos.

¿A Dios le sorprendía esto? No. Él había escrito la historia y ahora era director de reparto. Él había escogido la pequeña aldea de Belén para el nacimiento de su Hijo (Mi. 5:2). Así que canalizó sus planes por medio de este monarca para asegurarse de que María estuviera allí para dar a luz a Jesús (Pr. 21:1). Esto confirmó una de las más de trescientas profecías que se cumplieron en la primera venida de Jesús.

Lectura bíblica ....

MIQUEAS 5:2
Pero tú, Belén Efrata, pequeña para estar entre las familias de Judá, de ti me saldrá el que será Señor en Israel; y sus salidas son desde el principio, desde los días de la eternidad.

PROVERBIOS 21:1
Como los repartimientos de las aguas, Así está el corazón del rey en la mano de Jehová; a todo lo que quiere lo inclina.

LUCAS 2:1-20

Estudio y reflexión

1. ¿Qué situación reciente te ha producido exasperación y aparentemente gasto y molestia innecesarios?

2. ¿De qué modo te ayuda a ver bajo una nueva luz la soberanía de Dios en este inconveniente tan costoso para María y José?

3. Si esperaras el bebé de un rey, ¿qué preparativos esperarías que el rey proveyera para el nacimiento de su único hijo?

4. ¿Cómo proveyó Dios (Lc. 2:1-20)?

5. Isaías 55:8-9 dice: "Porque mis pensamientos no son vuestros pensamientos, ni vuestros caminos mis caminos, dijo Jehová. Como son más altos los cielos que la tierra, así son mis caminos más altos que vuestros caminos, y mis pensamientos más que vuestros pensamientos".

    a. ¿Qué te revela esto acerca de los caminos de Dios comparados con nuestros caminos humanos?

    b. ¿Cómo expresa este versículo cuáles caminos son mejores?

6. Piensa en un área en la que Dios no proveyó de la manera como tú esperabas. Consciente de que Dios tiene en mente lo que es mejor para ti, ¿cómo asimilas las expectativas frustradas?

7. El día que nació cada uno de nuestros hijos, yo llamé a nuestros parientes por todo el continente. "¡Nuestro bebé ha

llegado!". Con frecuencia, los padres envían anuncios del nacimiento de sus bebés. ¿Quién emitió el anuncio del nacimiento de Jesús y cómo se llevó a cabo (Lc. 2:8-14)?

8. Piensa a quién podría un gran rey y soberano de la fe enviar un anuncio de nacimiento.

   a. ¿A quién comunicó Dios el nacimiento de Cristo?

   b. ¿Quiénes fueron excluidos del anuncio?

Expectativas poco realistas

Si tú estuvieras esperando el bebé de un rey, ¿no te parece que esperarías algún trato especial? Si un ángel dijo que eras favorecida de Dios, ¿no esperarías al menos un buen descanso?

Cuando Larry y yo empezamos nuestra familia, vivíamos en Orange County, California, el mercado de finca raíz más costoso de los Estados Unidos en aquel tiempo. Esto sucedió durante los años de inflación desorbitada. Pagábamos el 18 por ciento de interés en la hipoteca de nuestra casa. En otras palabras, éramos gente pobre con casa. Aunque nuestra casa de sesenta años y con menos de ochenta metros cuadrados era todo menos lujosa, nuestros pagos mensuales drenaban nuestra economía. Confieso que a veces sentí lástima de mí misma porque no podía comprarle a mi nuevo bebé las cosas bonitas que veía.

La historia de María me sacó de ese estado de autocompasión. Ella ni siquiera tuvo una habitación limpia dónde dar a luz a su bebé. Envolvió a su bebé en trozos de tela. El rey Herodes quiso matar a su Hijo. De repente, mi situación ya no parecía tan mala. Recubrí unas almohadillas de segunda con una tela nueva de color amarillo a cuadros y pinté una cuna usada. Algunas amigas trajeron persianas de madera usadas que encajaron en las ventanas como si las hubiera fabricado a medida. El cuarto del bebé estaba esplendoroso.

Yo tuve que subir un tramo de escalera cuando sentía los dolores de parto, pero María tuvo que caminar o, como mucho, montar un burro a lo largo de muchos kilómetros. Si esas fueron condiciones adecuadas para el Hijo del Altísimo, ¿quién era yo para quejarme? La historia de María me desafió y me salvó de las expectativas que no son realistas.

Grandes expectativas

Si yo hubiera sido María, habría esperado que me mimaran un poco, al menos una habitación privada, una cama con sábanas limpias y una partera. María pudo haberse enfocado en sus privaciones. ¿Qué mujer dio a luz en un establo sin familiares para consolarla o celebrar con ella? Como Prissy en *Lo que el viento se llevó*, es muy probable que José no tuviera la mínima idea sobre partos.

Isaías 55:9 dice que los caminos de Dios son más altos que nuestros caminos. Sabemos que algo más alto es mejor. Grados más altos, más alta calidad o valor más alto. Los caminos de Dios no son simplemente un poco mejores, sino inconmensurablemente mejores, como los cielos son más altos que la tierra.

¿De qué manera podía ser mejor el hecho de que "no había lugar para ellos en el mesón" (Lc. 2:7)? El mesón pudo ser ser una especie de habitación de huéspedes en la casa de alguien o un área con muros alrededor de un pozo sin las recámaras privadas que esperaríamos. Yo me imagino un refugio de aquellos que se utilizan después de un huracán, lleno de catres y sacos de dormir. Habría mucha circulación y definitivamente las personas se quedarían mirando a una mujer dando a luz.

El pesebre se convirtió en la señal que ayudó a los pastores a identificar a Jesús. Él era el único bebé aquella noche en un pesebre. El establo o la cueva donde estaba el pesebre brindaban a María y a José la privacidad que habría sido imposible tener en el mesón. También les brindaba un lugar tranquilo para que los pastores visitaran y adoraran al Cristo infante.

Si las familias de José y María hubieran creído la historia de ellos, es probable que María se hubiera quedado atrás. La falta de apoyo familiar aseguró el hecho de que ella estuviera en Belén. Las dudas de sus familiares, de haberlos acompañado, habrían sido una distracción en lugar de un consuelo. Dios escogió a los pastores para disfrutar con ellos el asombro, y ángeles para celebrar con la pareja. Dios no cumplió mis expectativas acerca de cómo cuidar de la madre de su Hijo. Él hizo algo muchísimo mejor.

A veces no logramos apreciar las provisiones perfectas de Dios para nuestra vida porque estamos buscando algo más. Cumpleaños, aniversarios, días de la madre y días de san Valentín son fechas ya señaladas con ideas de cómo *deberían* tratarnos. Las expectativas imponen un sufrimiento innecesario y afectan nuestras relaciones.

¿Qué expectativas has impuesto sobre ti misma o sobre los demás? ¿Cómo podrías librarte de su desilusión si renuncias a esas expectativas? ¿Cómo puede cambiar tu actitud y tu gratitud el hecho de creer que Dios desea lo mejor para ti y que es soberano en cada circunstancia de tu vida?

Quiero recordar...

Escribe unas frases de la lección de hoy que te ayuden a recordar lo que Dios te ha enseñado.

Día cinco
Provisión

Una de mis citas predilectas del libro de Amy Carmichael *Si*, es la siguiente: "Si la alabanza de otros me alboroza y su culpa me deprime; si no soporto un malentendido sin defenderme; si me gusta más ser amada que amar, ser servida más que servir, entonces no sé nada del amor del Calvario". María demostró la humildad que viene de conocer el amor de Dios.

María fue honrada en el papel que desempeñó, a pesar de los

obstáculos. Ella no dudó del amor de Dios por ella y su Hijo cuando no tenía cómo ofrecer un cordero por Él. Conocer el amor de Dios nos ayuda a valorar el papel que jugamos en su historia, sin importar cuál sea. Así confiamos que su provisión es infinitamente mejor para nuestra historia que lo máximo que el mundo pueda ofrecer.

Lectura bíblica ....

LUCAS 2:21-40

LEVÍTICO 12:8

Y si no tiene lo suficiente para un cordero, tomará entonces dos tór-tolas o dos palominos, uno para holocausto y otro para expiación; y el sacerdote hará expiación por ella, y será limpia.

Estudio y reflexión

1. ¿Qué revela la ofrenda de María y José acerca de su situación económica?

2. ¿Cómo pueden animarse las parejas cuando no pueden pagar lo que quisieran dar a sus hijos al ver la ofrenda sencilla de María y de José en la "dedicación del bebé" Jesús?

3. ¿Qué revelan las palabras inspiradas por el Espíritu que pronunció Simeón acerca del papel que cumpliría Jesús tanto en las vidas de judíos como de gentiles (Lc. 2:25-32)?

4. ¿Qué dice Simeón a María que le sucedería a ella (Lc. 2:34-35)?

5. No se menciona en absoluto los padres de María ni de José. Juan 19:25 nos dice que María tenía una hermana, pero no dice que su hermana estuviera presente en este período decisivo. ¿Cómo pudieron ser bendición para María a lo largo de su vida las palabras de Simeón y de Ana (Lc. 2:29-38)?

6. ¿Cuándo has experimentado el cuerpo de Cristo como una familia para ti?

Cuando enfrentas lo imposible... Lecciones de María

Una mañana, después de una serie de desagradables giros en mi vida, descubrí que una de mis sillas francesas favoritas estaba desbaratándose. Cuando me di cuenta, me puse histérica. Sin embargo, el suceso tuvo un efecto positivo. Como cuando se hace una punción en una herida infectada, afloraron todos mis temores y mi confusión. Pude tratar el asunto con el Señor. Él limpió mi infección y sacó a la luz algunos ídolos que se habían filtrado en mi corazón. Esto me recordó que el quebrantamiento y la sumisión son las únicas vías para alcanzar la paz verdadera.

Dios me concedió la gracia de decir: "Todo te pertenece a ti. No entiendo por qué permites estas cosas en nuestras vidas, pero rindo todo a ti". Fue una oración sencilla pero poderosa.

Por naturaleza, yo peleo por aquello que me interesa e intento arreglarlo. Si algo está mal, yo intento rectificarlo. En algunas circunstancias eso puede ser bueno, pero a veces la necesidad de actuar se convierte en una pugna con Dios. A veces Dios permite en mi vida cosas que yo no puedo arreglar para recordarme que yo no sé lo que es mejor. Entonces saco mi bandera blanca: *Señor, tú eres mi capitán, me someto a tu voluntad buena, agradable y perfecta* (Ro. 8:28).

En mi mente yo creo que Dios está a cargo y que su voluntad es perfecta, pero no siempre lo siento así. Sé que cuando llegue al cielo me asombrará su sabiduría. Cuando por fin *vea* las cosas desde su perspectiva, voy a adorar, no a quejarme. Por ahora debo hacer uso de mi fe para recordar estas verdades.

La sumisión trae serenidad

Lo mejor de la sumisión es que, después que hemos sometido todo, ya no queda nada por qué preocuparse. Creo que este fue el secreto de la serenidad de María. Recuerda sus palabras: "He aquí la sierva del Señor, hágase conmigo conforme a tu palabra" (Lc. 1:38).

Puesto que ella se había sometido por completo, pudo caminar en la gracia y cumplir la historia que Dios había escrito para ella:

- María rindió su cuerpo y su reputación, aun cuando hacerlo produjo malentendidos y calumnia.
- María entregó su relación con José, aun cuando hacerlo pudo significar un divorcio y ser una madre soltera.
- María renunció a su derecho a tener una boda de verdad y a una celebración matrimonial, aunque probablemente ella había aspirado a ello, y que esa privación la expondría al rechazo.
- María renunció a sus expectativas y a su seguridad, aunque esto significara incomodidad y angustia.

La ironía de la humildad y la sumisión es que, después de someternos, nos convertimos en canales del amor de Dios. María recibió el honor de ser la madre del Hijo de Dios y, al hacerlo, ella se convirtió en bendición para toda la raza humana. Ella todavía recibe honor en el mundo entero.

La serenidad es el fruto de la sumisión, pero la sumisión debe ser renovada constantemente. Los nuevos retos sacan a la luz aquello que puede convertirse en un reemplazo para Dios en nuestra vida. Cada vez que renovamos nuestra sumisión experimentamos una paz que satisface más que todas las comodidades y tesoros del mundo.

¿Qué se interpone en nuestra intención de someternos a Dios? ¿Cuestionas su amor por ti? ¿En qué fuentes poco fiables has buscado paz? Es fácil creer que si solo tuviera seguridad financiera, si fuera más eficiente, si tuviera una carrera más gratificante, si fuera más delgada o tuviera otra pareja, una nueva amiga o una mejor salud, entonces sería feliz y estaría en paz. ¿Por qué no entregas tus falsos dioses a Dios y contemplas cómo Él hace su obra?

María era una mujer con necesidades y emociones genuinas. A pesar de su juventud, ella tenía el carácter y la profundidad de una santa experimentada. María aceptó la vida que le fue confiada fundada en las Escrituras y apoyada por su fe. Como el príncipe Caspian en las Crónicas de Narnia, si esta era la aventura que Dios tenía para ella, entonces ella se comprometería a llevarla a cabo. Al aceptar el plan de Dios, que incluía lo incomprensible, ella experimentó lo imposible. Para Dios no hay nada imposible.

Quiero recordar...

Escribe unas frases de la lección de hoy que te ayuden a recordar lo que Dios te ha enseñado.

Peticiones de oración

Anota aquí las peticiones de oración de tu grupo.

_____

_____

_____

_____

_____

_____

_____

_____

Cuando sueñas con paz

RECUERDO CUANDO PAPÁ MARCHABA POR EL PASILLO DE LA IGLESIA en Navidad cantando "Vamos reyes a Belén…". Mi idea infantil de la Navidad era colorida, limpia y placentera. También tenía una idea idílica de los camellos, hasta que vi uno en Mount Vernon. El camello que tenían allí era sucio, por elección propia. A veces proyectaba sus excreciones corporales en dirección a los observadores. Mi idea romántica de un establo y del viaje de los tres sabios de oriente se desvaneció.

También desapareció con la infancia la idea de que la primera Navidad fue todo gozo y paz para sus protagonistas. María y José experimentaron una avalancha de emociones y retos que incluyeron traición, temor y soledad. No obstante, también hubo paz y gozo. María sigue asombrándome con su serenidad en medio de la agitación.

La lección de hoy empieza con la visita de los sabios. Viajando a ritmo de camello, el recorrido de oriente hasta Belén fue largo; probablemente duró más de un año. Vinieron a adorar al Rey de los judíos, pero su visita también trajo problemas para María y su pequeña familia.

Día uno
Fuerte

El colmo. Imagínate una pobre mujer al final de su embarazo que viaja por caminos accidentados en el lomo tambaleante de un burro o a pie. Con todo, María prefirió la incomodidad de viajar con José que quedarse en Nazaret.

Después del nacimiento de Jesús, al parecer la pareja se había instalado en Belén. El embarazo de María fuera del matrimonio había mantenido ocupados a los chismosos de Nazaret. Ahora algo peor que la indignación social y el rechazo los obligaría a mudarse otra vez.

Herodes era un tirano. Durante su reinado, asesinó a una de sus esposas y a tres hijos. Pero, como era judío, no podía comer cerdo. Se dice que Augusto César bromeó diciendo: "Es mejor ser el cerdo de Herodes que hijo suyo".[1] El rey Herodes no era un loco cualquiera. Este gobernante paranoico regía el equivalente actual de la policía, la guardia nacional y el ejército. Es muy probable que los aterradores sucesos que relata el pasaje bíblico de hoy hubieran sucedido después del primer cumpleaños de Jesús.

Cuando los sabios vinieron en busca del recién nacido "Rey de los judíos", Herodes fingió devoción. Interrogó a los sabios para que indagaran cuándo la estrella señalaba el nacimiento del Mesías. Entonces mandó matar a todos los niños menores de dos años que vivían en Belén.

Lectura bíblica ....

MATEO 2:1-23

Estudio y reflexión

1. Mientras que Herodes no se hubiera molestado en recorrer el breve trayecto entre Jerusalén y Belén para ver al Rey que había nacido, los sabios viajaron casi setecientos kilómetros en camello para ver a Jesús.

   a. Teniendo en cuenta la motivación que tenían los sabios para emprender su viaje, ¿qué nos enseñan estos hombres (Mt. 2:2)?

   b. Parte de la dicha de una experiencia maravillosa consiste en poder compartirla con aquellos que se alegran y celebran contigo. Pero ¿quién podía creer y participar del gozo de María y de José? Es hermoso ver que Dios sigue trayendo extraños que celebran con ellos. ¿Cómo pudo haber animado a María y a José la visita de los sabios?

   c. ¿Qué regalos trajeron?

2. Según Mateo 2:13, 16-18, ¿qué planes tenía Herodes para el hijo de María?

3. María y José deben haber estado muy emocionados después de la visita de los sabios. El Padre de Jesús no solo había proclamado la venida de su Hijo con ángeles, ¡sino que lo había

escrito en las estrellas! Sin embargo, la gran emoción dio paso a una crisis profunda. Escribe los mensajes que comunicó Dios a José y cómo él respondió a cada advertencia (Mt. 2:13-15, 19-23).

4. ¿Qué revelan las acciones de José acerca de su relación con Dios?

5. ¿Cuán importante fue para José obedecer de inmediato? ¿Qué hubiera sucedido si él hubiera tardado por querer dormir una noche completa o terminar un proyecto de carpintería para un cliente? ¿Qué hubiera pasado si María hubiera insistido en oír ella también la notificación del ángel?

6. ¿Cómo aplicas el ejemplo de José a tu vida?

7. Un ángel le comunicó la advertencia a José. Hoy día, los mensajes de Dios vienen como impulsos discretos o punzadas urgentes. Sabemos que Dios nunca va a guiarnos a hacer algo que contradiga su carácter o su Palabra. ¿Cómo disciernes si tus impulsos son de Dios o no?

8. Simeón había dicho a María: "Una espada traspasará tu misma alma" (Lc. 2:35). Esta profecía debió haberla perseguido y desconcertado. En última instancia, esas palabras

apuntaban a la cruz. Con todo, lo que sucedió en Belén la traspasó aunque Jesús no sufrió daño entonces. Puesto que María y José habían vivido en Belén por un tiempo, debieron conocer a algunos padres que perdieron a sus hijos de la misma edad de Jesús. Piensa en las circunstancias de María que pesaban sobre ella:

- Ser perseguida por el ejército del rey
- Enterarse de que quienes buscaban a su hijo habían asesinado a los bebés de sus amigos

a. A la luz de lo que has observado en María, ¿dónde crees que ella encontró la fortaleza para soportar este terrible tormento?

b. ¿Qué situaciones te producen estrés?

c. El hecho de escribir mis preocupaciones y de entregarlas una a una al Señor me ayuda cuando estoy estresada. ¿Qué te ayuda a ti a controlar tu ansiedad?

9. Tener que huir puso a María y a José bajo un gran estrés emocional, físico y económico. No había un automóvil donde ellos pudieran empacar sus escasas pertenencias. Tenían que llevar a su pequeño y cargar sus pertenencias a pie o con la ayuda de un burro. No había cadenas de restaurantes en el camino. Imagina lo difícil que debió ser establecer un negocio de carpintería con tantos desplazamientos. ¿Qué fuente inesperada usó Dios esta vez para proveer ayuda (Mt. 2:11)?

Reconocer la voz de Dios

Una mujer que estaba casada con un alcohólico inconverso vino a verme. Él conocía un versículo de la Escritura que usaba con frecuencia para forzarla a someterse.

"¿Por qué dejas que un incrédulo interprete para ti las Escrituras?", pregunté.

El Salmo 119:160 dice: "La suma de tu palabra es verdad". He visto personas que toman un versículo fuera de contexto y lo usan para apoyar acciones que no son bíblicas. La voluntad de Dios está en armonía con el conjunto del consejo de la Escritura y con su corazón. Ten cuidado con prestar atención a cualquier idea que esté acompañada de un versículo. Aun el diablo tergiversó la Escritura para tentar a Jesús. Debemos probar el espíritu que motiva las afirmaciones que escuchamos (1 Jn. 4:1).

Confiar a Dios la muerte prematura

Dios envió un ángel para advertir a María y a José acerca de la sanguinaria campaña de Herodes para matar a Jesús. Y, aunque Jesús no sufrió daño, muchos padres perdieron a sus hijos. Más adelante, Dios permitirá que Jesús sufriera una muerte más atroz en una cruz.

En este lado del cielo no podemos entender los caminos de Dios. Tenemos que confiar en su carácter. Cientos de años antes, Jeremías había predicho la muerte de los otros pequeños (Mt. 2:17-18). Recordar que Dios sabía que esto sucedería debió consolar a María en medio de su dolor y confusión.

Mi mamá murió cuando yo era adolescente. Saber que nuestro tiempo está en las manos de Dios nos ayuda a asimilar mejor el amargo aguijón de la muerte. Nadie podía hacer daño a Jesús antes del tiempo señalado. Del mismo modo, nadie puede tocar a un hijo de Dios sin su permiso. Cuando Él da permiso, es para nuestro bien eterno y para su gloria. Nuestra historia es una pequeña parte de la suya, una historia mucho más grande y maravillosa de lo que podamos imaginar.

Cuando vemos una vida que pareciera haber terminado prematuramente, me resulta útil considerar los años como si fueran dólares. Si solo tuvieras ochenta dólares y perdieras cincuenta, sufrirías una terrible pérdida. Pero si eres billonario y pierdes cincuenta dólares, no has perdido mucho.

Fuimos hechas para la eternidad. ¡Somos más que billonarias! Los años perdidos aquí se recuperan en el cielo. Para nuestros seres queridos que quedan aquí en la tierra, la muerte es amarga. Pero saber que Dios nunca comete errores, que seremos reunidas en la eternidad, y que Él usa aun las acciones de los malos para nuestro bien (Gn. 50:20) me consuela en tiempos de confusión.

¿Para qué situación confusa o pérdida necesitas la perspectiva y el consuelo de Dios? Pídele hoy que te consuele.

Quiero recordar...

Escribe unas frases de la lección de hoy que te ayuden a recordar lo que Dios te ha enseñado.

Día dos
Reflexiva

La mayoría de niños piensan que saben más que sus madres. El hijo de María, en efecto, sabía más que ella. Su primogénito era su Creador. Jesús había dado forma a los planetas y había colgado las estrellas (He. 1:2). Él había pintado los ojos de María y había diseñado su cuerpo cuando ella estuvo en el vientre de su abuela.

Jesús crecía en sabiduría y en estatura. Esto significa que, de manera provisional, Él dejó a un lado el conocimiento de su historia antes de nacer. A fin de vivir una experiencia humana plena, Jesús aprendió como los otros niños. Cuando llegó a la adolescencia, Jesús, aun en su condición humana limitada, sabía más que María y José en algunas áreas. La Escritura solo nos da un breve atisbo de este aspecto de la relación entre María y Jesús.

El proceso de desprendernos de nuestros hijos empieza temprano.

El niño pequeño se retuerce en nuestros brazos por su impulso natural de independencia. La relación de María con Jesús tuvo que experimentar los mismos cambios que viven todos los padres con sus hijos, solo que a una escala sin precedentes. Había llegado el momento para que Aquel a quien ella llevó en su vientre, dio a luz y crió emprendiera la misión para la cual había venido. Él sería el Salvador del mundo, su Señor y su Dios.

Lectura bíblica ....

LUCAS 2:39-52

Estudio y reflexión

1. ¿Que desafíos particulares crees que María enfrentó durante la crianza del Hijo de Dios?

2. ¿Cómo respondió María a esta nueva etapa en el desarrollo de Jesús (Lc. 2:51)?

3. María atesoró los detalles de la vida de Jesús en su corazón. ¿Qué te ayuda a guardar los tesoros de tu vida?

4. Recuerda una ocasión en la que tuviste que guiar o enseñar a alguien que sabía más que tú.

   a. ¿Qué clase de líder o de maestro consideraría esto un factor positivo y cuál se sentiría amenazado por ello?

b. A tu parecer, ¿qué revela esto acerca de María?

5. ¿Crees que la Escritura enseña que María permaneció virgen toda la vida? ¿Por qué sí o por qué no?

a. "¿No es éste el hijo del carpintero? ¿No se llama su madre María, y sus hermanos, Jacobo, José, Simón y Judas? ¿No están todas sus hermanas con nosotros? ¿De dónde, pues, tiene éste todas estas cosas?" (Mt. 13:55-56).

b. "Y despertando José del sueño, hizo como el ángel del Señor le había mandado, y recibió a su mujer. Pero no la conoció hasta que dio a luz a su hijo primogénito" (Mt. 1:24-25).

6. Escribe lo que puedes deducir acerca de la dinámica familiar (después que Jesús ya había crecido) a partir de los siguientes versículos: "Y le dijeron sus hermanos: Sal de aquí, y vete a Judea, para que también tus discípulos vean las obras que haces. Porque ninguno que procura darse a conocer hace algo en secreto. Si estas cosas haces, manifiéstate al mundo. Porque ni aun sus hermanos creían en él" (Jn. 7:3-5).

7. María no estaba aislada en una torre de marfil, alejada de las presiones comunes que experimentamos. Sus hijos menores ridiculizaban a Jesús. Tal vez a los hermanos de Jesús les molestaba que los disciplinaran y corrigieran, en tanto que su

hermano mayor literalmente no podía hacer mal alguno. ¿De qué manera te ayuda a enfrentar las tensiones en tu vida el hecho de saber que la familia de María no fue siempre armoniosa?

Cómo guardar nuestros tesoros

Lejos de sentirse amenazada por la sabiduría y la independencia cada vez mayor de su Hijo, María atesoró esta nueva etapa de crecimiento en su vida. Esta no es la primera vez que María guardó y meditó estas cosas en su corazón (Lc. 2:19). "Guardar" viene de la palabra griega *suntéreo*, que significa (1) preservar (algo para que no se pierda o caduque), y (2) conservar para sí, tener presente (algo, para que no caiga en el olvido).[2]

Al igual que María, nosotras tenemos que reflexionar en nuestras propias experiencias. Mi hermana y yo llamamos a esto "tiempo mental". La reflexión nos permite captar los sentimientos, los recuerdos y las lecciones de la vida. Sin esos momentos de quietud para pensar, nuestra vida se empobrece y pasamos por alto los regalos de la vida. Reaccionamos de manera exagerada al estrés normal de la vida. Reflexionar nos permite preservar las experiencias de nuestra vida a fin de que podamos invertirlas en el futuro. Estos momentos de quietud afianzan nuestra alma en Dios. Nos enriquecen con sabiduría, gratitud y entendimiento de la vida.

La quietud enriquece nuestros sentidos. Escribir un diario me conecta con Dios y con mis pensamientos. En el caso de mi esposo, pasear en bicicleta y pasar tiempos de meditación con regularidad le permiten suplir esa necesidad. Experimenta hasta encontrar lo que te ayuda a permanecer anclada cuando tu mundo se sacude.

Quiero recordar...

Escribe unas frases de la lección de hoy que te ayuden a recordar lo que Dios te ha enseñado.

Día tres
Rendida

La Escritura nada dice acerca de la muerte de José. Como tampoco se le menciona después de que Jesús tuviera doce años, muchos suponen que María enviudó muy joven. Jesús, el hijo mayor, habría asumido el papel de proveedor de la familia. José era conocedor, al igual que María, de la concepción inmaculada (libre de pecado original) de Jesús. Él había soportado junto con María el escarnio y las tensiones en torno al nacimiento de José. Ahora él ya no estaba.

Los otros hijos de María no creían que Jesús fuera el Hijo de Dios. María aprendió a depender de Jesús para resolver los problemas que José había enfrentado en los años anteriores.

Jesús empezó su ministerio público a la edad de treinta años. Al principio de su ministerio, él asistió a la boda en Caná. Es probable que María estuviera ayudando en la boda. Ella era consciente de lo que estaba en juego cuando el vino se acababa.

En esa boda y en la cruz (Jn. 19:36-27), Jesús llamó a María "mujer", algo que suena áspero a nuestros oídos. Sin embargo, la ternura del momento de su crucifixión evidencia que era un apelativo respetuoso. Era como decir "señora".

Lectura bíblica

Juan 2:1-11

Estudio y reflexión

1. ¿Qué sucedió en la boda en Caná y qué hizo María con tanta naturalidad (Jn. 2:1-11)?

2. A la luz de lo sucedido en aquella ocasión, ¿qué aprendes acerca de la relación entre María y Jesús?

3. ¿Por qué crees que María le reportó a Jesús que el vino se había terminado?

4. ¿Qué mandó hacer María a los siervos (Jn. 2:5)?

5. ¿Cómo puedes aplicar las palabras de María a tu vida y a tu relación con Jesús?

6. Quedarse sin vino era vergonzoso, pero no una necesidad vital. ¿Qué te deja ver de su corazón el milagro de Jesús?

Dulce confianza

La firme confianza de María quedó en evidencia una vez más en la boda cuando se acabó el vino. Ella sabía que Jesús era compasivo. Ella confiaba en su sabiduría y en su capacidad. Tal vez Jesús había multiplicado prodigiosamente la comida para su familia en los años de escasez tras la muerte de José. Satanás sabía indudablemente que Él podía convertir una piedra en pan (Mt. 4:3).

¿Te diste cuenta de que María no le dijo a Jesús qué hacer? Ella solo le notificó del problema que tenían. Si María no sintió la necesidad de decirle a su Hijo cómo tenía que resolver el problema, me pregunto por qué yo creo que me corresponde idear la solución para que Jesús la ejecute.

María no estaba jugando a "yo soy tu madre y tienes que hacer esto por mí". Ella simplemente confiaba en Jesús así como había confiado en su Padre cuando el ángel le dijo que ella tendría al Hijo de Dios.

Quiero recordar...

Escribe unas frases de la lección de hoy que te ayuden a recordar lo que Dios te ha enseñado.

Día cuatro
Resistente y tierna

Mi amiga recibió una de esas llamadas que todas esperamos jamás recibir. Se enteró de que su nieto había sufrido un grave accidente automovilístico, y salió a toda prisa al hospital. Según el pronóstico, no iba a sobrevivir. Mientras su sangre goteaba sobre los zapatos de mi amiga, ella amorosamente acariciaba su mano y le decía cuánto lo amaba. Ella rehusó alejarse de él siquiera un instante mientras aún estuviera respirando.

Por desdicha, sus padres no fueron tan fuertes. Ellos se refugiaron en la sala de espera y entraban y salían esporádicamente de la habitación donde se encontraba. No pudieron permanecer junto a su hijo mientras su vida se apagaba.

En momentos de intenso dolor, algunas personas se aíslan cuando sufren. Los amigos y familiares se apartan para protegerse de la incomodidad que produce el hecho de no saber qué decir o qué hacer frente a esas personas. Ellas no pueden arreglar el problema y tampoco pueden soportar el dolor. Pero María no fue así. Ella se mostró tan resistente como tierna. Ella permaneció determinada junto a Jesús, aun cuando sus fornidos discípulos huyeron. Sin embargo, antes de la cruz, María había aprendido ya a adaptarse a la misión de Jesús. Hoy aprenderemos acerca de esa transición y de su fortaleza en la cruz.

Lectura bíblica ....

MATEO 12:46-50

Mientras él aún hablaba a la gente, he aquí su madre y sus hermanos estaban afuera, y le querían hablar. Y le dijo uno: He aquí tu madre y tus hermanos están afuera, y te quieren hablar. Respondiendo él al que le decía esto, dijo: ¿Quién es mi madre, y quiénes son mis hermanos? Y extendiendo su mano hacia sus discípulos, dijo: He aquí mi madre y mis hermanos. Porque todo aquel que hace la voluntad de mi Padre que está en los cielos, ése es mi hermano, y hermana, y madre. (Lucas 8:19-21 es un pasaje paralelo).

Estudio y reflexión

1. En un momento de su ministerio, Jesús estaba demasiado ocupado para comer. Los otros hijos de María no creían en Jesús (Jn. 7:5). ¿Cómo ha cambiado la relación de María con Jesús?

2. Mi suegra dijo alguna vez: "Una madre nunca deja de serlo, sin importar la edad de su hijo". Sin duda, María se había apoyado en Jesús después de la muerte de José. Puede que se sintiera abatida por su deseo de cuidar de Jesús y por los momentos en que extrañaba su compañía. ¿Qué lección extraes de la respuesta de Jesús que podría ayudarte en tus relaciones con tus padres o con tus hijos adultos?

3. ¿Cómo puedes aplicar el ejemplo de Jesús cuando hay relaciones importantes que te impiden cumplir con el llamado de Dios?

4. ¿Quién trata de interferir en tu determinación de seguir el camino particular que tiene Dios para tu vida?

5. Ahora volvamos a la cruz. Según los versículos siguientes, ¿dónde estaba María en la crucifixión de Jesús? ¿Qué te dice esto acerca de ella? "Estaban junto a la cruz de Jesús su madre, y la hermana de su madre, María mujer de Cleofas, y María Magdalena. Cuando vio Jesús a su madre, y al discípulo a quien él amaba, que estaba presente, dijo a su madre: Mujer, he ahí tu hijo. Después dijo al discípulo: He ahí tu madre. Y desde aquella hora el discípulo la recibió en su casa" (Jn. 19:25-27).

6. ¿Qué hizo Jesús cuando vio a su madre?

7. La última vez que encontramos a María es después de la ascensión de Jesús al cielo: "Y entrados, subieron al aposento alto, donde moraban Pedro y Jacobo, Juan, Andrés, Felipe, Tomás, Bartolomé, Mateo, Jacobo hijo de Alfeo, Simón el Zelote y Judas hermano de Jacobo. Todos éstos perseveraban

unánimes en oración y ruego, con las mujeres, y con María la madre de Jesús, y con sus hermanos" (Hch. 1:13-14).

a. ¿Cuál parece ser el nuevo papel que desempeña María?

b. ¿Qué otro pariente de María estaba presente?

Capacidad de adaptación

El llamado que había recibido Jesús de su Padre tenía prioridad sobre los deseos de su familia humana. El hecho de que Él estuviera absolutamente concentrado en su misión significaba que María ya no tenía acceso inmediato a Él. Este también fue otro ajuste para ella.

Muchos adultos no saben bien cómo honrar a su padre y a su madre y al mismo tiempo cuidar de su propio cónyuge e hijos. ¿Honrar significa obedecer sus deseos o estar disponibles para todas sus necesidades?

Aunque Jesús era soltero, fue un ejemplo de una separación respetuosa. Él no deshonró a su madre cuando no estuvo disponible para ella. Su Padre era su Señor. En la cruz, Jesús se aseguró de que su madre recibiera los cuidados necesarios aquí en la tierra. Él sabía la diferencia entre las necesidades legítimas de María y los deseos que podían desviarlo de su misión.

María se adaptó. Ella recordó las palabras que Él le dijo cuando tenía tan solo doce años: "¿Por qué me buscabais? ¿No sabíais que en los negocios de mi Padre me es necesario estar?" (Lc. 2:49).

Belleza imperecedera

María mostró la belleza imperecedera de un espíritu afable y apacible que es de grande estima delante de Dios (1 P. 3:3-4). Cuando Dios envió a Gabriel a visitar a María, Él sabía qué clase de joven iba a encontrar. Él sabía que María confiaría en Él a todo lo largo del camino hasta la cruz. Puesto que María conocía a Dios y atesoraba su Palabra en su corazón, su fe no se extinguió cuando una espada traspasó su propio corazón.

Jesús dijo: "Mis ovejas oyen mi voz, y yo las conozco, y me siguen" (Jn. 10:27). Dios sabía que María iba a seguirlo en medio de los desafíos que exigía ser la madre de su Hijo. Y así fue. Que tú y yo podamos seguir su ejemplo.

Quiero recordar...

Escribe unas frases de la lección de hoy que te ayuden a recordar lo que Dios te ha enseñado.

Día cinco
Fuente continua de inspiración

Hemos caminado con María desde su encuentro con el ángel, pasando por la incredulidad de José, el nacimiento de su Hijo en un establo, la persecución, la viudez, su transición para dejar a Jesús cumplir su misión, hasta ser testigo presencial de la crucifixión de Jesús y orar por el nacimiento de la iglesia. Reflexiona sobre su vida y cómo Dios se mostró fuerte a su favor.

Aplicación y reflexión

1. ¿Qué fue lo que más te impresionó en la forma como María enfrentó sus desafíos y vivió su vida?

2. María experimentó desafíos similares a los que nosotras enfrentamos. Fue incomprendida, acusada falsamente, tuvo que confiar en el liderazgo de su esposo, sintió que sabía lo

que mejor convenía a su hijo adulto, y tuvo que lidiar con la rivalidad entre sus hijos. ¿Qué te ayudó a identificarte con María y a verla como una persona de carne y hueso?

3. ¿Qué aprendiste acerca de Dios a partir de la historia de María?

4. ¿Cómo ha desafiado María tu manera de pensar?

5. ¿Qué cambios te ha inspirado hacer en tu vida?

Cuando sueñas con paz... Lecciones adicionales de María

"Y una espada traspasará tu misma alma". Esa no es la clase de palabras que esperarías recibir en la ceremonia de dedicación de tu bebé. Las palabras erizaron a María. *¿Qué quiso decir Simeón?*

Las palabras de Simeón persiguieron a María a lo largo de su vida. Por ejemplo, como cuando José la despertó en medio de la noche exclamando: "¡María! ¡María! ¡Despiértate! Tenemos que salir de inmediato". O cuando llegó a sus oídos la noticia de los niños que murieron a espada por orden de Herodes, niños asesinados por cuenta de quienes buscaban a su hijo. Sin embargo, las palabras de Simeón nunca fueron tan relevantes como cuando ella fue testigo de las burlas, los azotes y la crucifixión que padeció su hijo.

María conocía a Jesús mejor que cualquier otro ser humano. Ella fue testigo de su carácter intachable desde su nacimiento. Ella conocía su devoción a su Padre. Ella podía soportar que *su* propio carácter fuera juzgado injustamente, pero ver sufrir a su amado hijo en la cruz como un criminal ordinario traspasó su alma por completo.

Aun así, en cada prueba, María desplegó la belleza imperecedera de un espíritu afable y apacible. Veamos las hermosas cualidades que le permitieron a María experimentar paz en medio del sufrimiento y la confusión.

Fortaleza

María fue una mujer fuerte. Ella soportó el repudio personal, las amenazas, la pobreza y la crucifixión de Jesús con aplomo y dignidad admirables. Sus experiencias pulieron su carácter para confiar en la gracia de Dios. Cada situación imposible solo demostró una vez más que nada es demasiado grande para Dios.

Tenacidad

Cuando su gobierno y sus líderes religiosos sentenciaron a su hijo inocente a una muerte criminal, la mayoría de los discípulos huyeron. María en cambio se quedó todo el tiempo a sus pies. María permaneció junto a Jesús desde su primer respiro hasta su última exhalación.

Capacidad de adaptación

María fue la única madre que tuvo la experiencia de criar a un hijo perfecto. Cuando otras madres se quejaban de los "terribles dos años" o de los difíciles años de adolescencia, María solo podía gozar la maravilla de vivir con un ser humano libre de pecado. Aun cuando el entendimiento de Jesús superaba el suyo y el de José, María vio a Jesús someterse humildemente al liderazgo de ellos hasta que llegó el momento de asumir la misión para la cual había venido.

Cuando Jesús empezó su ministerio, María tuvo que ajustarse a una nueva relación con su hijo. Ella había vivido con el Príncipe de paz bajo el mismo techo. La Palabra viva estaba allí para responder todas sus preguntas acerca de las Escrituras y acerca de la vida. Qué gran vacío debió dejar su partida.

Pasar del rol de proteger un hijo a dejarlo ir puede ser un cambio complicado. Seguramente Jesús vivió con María hasta que Él empezó su ministerio público. La transición que tuvo que hacer María fue mucho más complicada que dejar ir a un hijo adulto. Ella tuvo que pasar de llamarlo "Hijo" a llamarlo "Salvador y Dios".

María logró adaptarse bien a su nuevo papel en su relación con Cristo. Ella se reunía con los discípulos de Jesús y oraba a su Hijo y su Dios. Sin duda, María reveló a Lucas los detalles del nacimiento de Jesús (Lc. 1:2-3).

Confianza inquebrantable

Yo creo que Dios recibe gustoso nuestras preguntas. Sin embargo, a mí me asombra que María solo le preguntara a Dios el cómo en lugar del porqué. En medio de todas sus tribulaciones, ella nunca cuestionó a Dios. Como sierva de Dios, ella confió en Él respecto a todo lo que Él dispuso.

María hizo depósitos constantes a su cuenta de fe. Nadie espera tener dinero en su cuenta bancaria cuando lo necesita si nunca ha depositado fondos en el banco. De igual modo, no podemos esperar que la fe y el carácter estén disponibles cuando vienen las pruebas si no hemos hecho depósitos con regularidad. ¿Cuántas veces vemos a María "meditando" en su corazón? María hizo un esfuerzo consciente por aferrarse a las verdades de Dios y a las lecciones que aprendía. Conocer el carácter de Dios trajo paz cuando los sucesos de la vida no tenían sentido.

Paz verdadera

María no sabía que un día aparecería un ángel con una misión que era imposible para ella. Sin embargo, cuando sucedió, ella no dudó *si* Dios podía hacer concebir a una virgen. Ella no se preocupó por los desafíos que podía enfrentar. Ella adoró a Dios y se maravilló de su gracia. Ella no sabía que el rey que la gobernaba intentaría asesinar a su bebé. Sus depósitos de fe habían formado un carácter capaz de resistir cada prueba inesperada con aplomo y con gracia.

Esa clase de belleza se cultiva día a día, una decisión a la vez, y una disciplina tras otra. Las oraciones "instantáneas" como "ayúdame

Señor" resultan prácticas en una crisis. Pero la visión clara, los brazos fuertes y la fe estable que son imprescindibles para sostenernos en medio de las verdaderas pruebas se perfeccionan por medio de una conexión intencional con Dios.

¿Qué estás haciendo para cultivar tu relación con Dios? Cada decisión que tomamos se entreteje en nuestro carácter. La paz interior empieza con una relación personal con Dios por medio de su Hijo Jesús, y crece conforme nutrimos nuestra relación con Él.

¿Sabes que nada es imposible para Jesús? Si no lo sabes, no podrás tener el espíritu apacible de María cuando vengan las pruebas.

¿Has escogido ser su sierva? Si es así, puedes renunciar a resolver problemas abrumadores. Solo tienes que seguir la dirección divina.

¿Qué hábitos pequeños y diarios puedes añadir a tu rutina para cultivar la paz que encontramos en María? ¿Estás convirtiéndote en una mujer a quien Dios podría confiar una tarea especial para su reino?

Durante las dos últimas semanas has aprendido acerca de la madre de Jesús. Proponte como objetivo personal conocer verdaderamente y caminar con su Hijo, y pronto gozarás de la serenidad interior que María conoció.

Quiero recordar...

Escribe unas frases de la lección de hoy que te ayuden a recordar lo que Dios te ha enseñado.

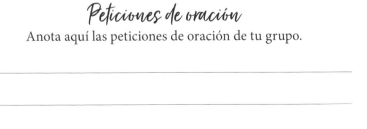

Peticiones de oración

Anota aquí las peticiones de oración de tu grupo.

_____

_____

_____

_____

_____

_____

_____

_____

_____

_____

_____

_____

_____

_____

_____

_____

_____

_____

_____

_____

_____

_____

Cuando tienes que contar tu historia

"Cuán hermosos son los pies de los que anuncian buenas nuevas".

¿Disfrutaste las lecciones acerca de las mujeres de la genealogía de Jesús? A la mayoría nos intriga saber acerca de nuestro árbol genealógico. Es interesante cuando conocemos detalles acerca de nuestros antepasados. Las mujeres que estudiamos no son solo parte de la historia de Jesús, sino también nuestras antepasadas en la fe.

Dios usa las historias de personas comunes y corrientes para influir en gran manera en la vida de otros. ¿Te has dado cuenta de que tu historia podría acercar a alguien a Cristo? Cuando exhales tu último aliento, estoy segura de que desearás partir con la seguridad de que te reunirás con tus seres queridos en el cielo. Tu historia de fe es una de las mejores herramientas para conducirlos a Cristo.

La lección de esta semana te preparará para comunicar la esperanza que tienes en Cristo (1 P. 3:15). Si estás haciendo este estudio en grupo, sé que disfrutarás escuchar cómo Dios ha obrado en la vida de las demás mujeres. Al final de esta lección yo contaré mi historia.

Usa las preguntas de las páginas siguientes para organizar tu experiencia de fe como una historia que puedas contar a otros, tal como Rahab hizo con su familia. Creo que te animará recordar cómo Dios ha obrado en tu propia vida.

Si las siguientes preguntas te llevan a dudar si alguna vez has entrado a la familia de Dios, deja que esta sea tu invitación a la fe.

Las invitaciones precisan una respuesta. La hija de una amiga era muy indecisa cuando era joven. Esa tendencia le impidió aprovechar algunas oportunidades maravillosas. Las mejores clases electivas en su escuela se llenaban antes de que ella pudiera decidirse. Sistemáticamente tuvo que conformarse con lo que quedaba. La indecisión tomó la decisión y le cerró la puerta a lo que ella quería. No permitas que esto te suceda. Acepta la invitación de Cristo a gozar de vida eterna.

Puede que algunas de ustedes sepan que pertenecen a la familia de Dios, pero no recuerdan el momento exacto en el que "nacieron de nuevo" (Jn. 3:3). Pide al Espíritu Santo que te ayude a recordar tu historia espiritual. Puede ser de utilidad trazar una línea del tiempo y anotar los momentos clave de tu vida espiritual. La primera vez que hice este ejercicio me pareció difícil anotar el momento de mi nuevo nacimiento. Pude recordar algunos momentos cruciales. Pero a medida que seguí trabajando en ello, se aclaró más y más la fecha exacta. No te preocupes si no puedes recordar los detalles.

Este es tu recorrido personal, no se parecerá al de otras personas. Yo viví dos momentos significativos de transición en mi vida espiritual. Cuando hablo con alguien, resalto las partes que tienen que ver con mi interlocutor.

Las preguntas que siguen tienen como propósito ayudarte a recapitular y a organizar tus experiencias en forma de una historia que puedes contar a otros. Es muy probable que uses una versión concisa en lugar de una extendida. Tres minutos es tiempo suficiente para despertar la curiosidad de alguien. Después de responder las preguntas, escribe tu historia como un relato continuo. Puede que quieras concentrarte en una pregunta llamativa, en una cita o en una declaración para empezar tu historia. Considera la posibilidad de terminar con una cita bíblica que sintetiza tu historia espiritual o que sigue marcando tu vida.

He aquí una oración que puede ayudarte a empezar.

> *Amado Padre:*
> *Gracias por revelarte a mí. Cuán maravilloso es recibir una nueva identidad y un llamado santo para representarte en el mundo. Gracias por Jesús y por el precio que Él pagó para salvarme del vacío y de los errores de mi pasado, de la condenación de esta vida y la venidera, y por su poder diario para salvarme de las tentaciones. Te pido que traigas a mi memoria cómo has obrado en mi vida. Guíame conforme intento organizar mis ideas. Concédeme la gracia y el valor para compartir la maravillosa historia de tu sublime gracia en mi vida con aquellas personas a quienes pones en mi camino. En el nombre de Jesús. Amén.*

Día uno

Mi vida antes de Cristo

El apóstol Pablo contó su testimonio delante de reyes. Cuando lo leas hoy, observa cómo él empieza describiendo su vida antes de llegar a la fe en Cristo. Después de eso, él describe su conversión y su transformación.

Lectura bíblica..

1 PEDRO 2:9-10

Mas vosotros sois linaje escogido, real sacerdocio, nación santa, pueblo adquirido por Dios, para que anunciéis las virtudes de aquel que os llamó de las tinieblas a su luz admirable; vosotros que en otro tiempo no erais pueblo, pero que ahora sois pueblo de Dios; que en otro tiempo no habíais alcanzado misericordia, pero ahora habéis alcanzado misericordia.

HECHOS 26:1-29

Reflexión y aplicación

¿Cómo eras antes de que Dios te trajera a su luz? Describe tu vida o tu manera de pensar antes de conocer a Cristo. ¿Tenías miedo de morir o del futuro? ¿Eras una mujer segura de ti misma o insegura? ¿Eras una persona determinada o sin propósito?

Rahab era prostituta, pero no conocemos los detalles de su pasado pecaminoso. Pablo era un perseguidor de la iglesia. Los detalles que él relata acentúan su transformación y la gracia de Dios. Define el trasfondo para resaltar a Cristo y mostrar la transformación que Él ha obrado en tus actitudes, tu pensamiento y tu comportamiento.

Quiero recordar...

Escribe unas frases de la lección de hoy que te ayuden a recordar lo que Dios te ha enseñado.

Día dos
Mi momento decisivo

Rahab oyó las historias acerca del Dios de Israel. Tenía curiosidad e invitó a los espías cuando aparecieron en su puerta. Cuando ella enfrentó el dilema de entregarlos a las autoridades, decidió valerosamente unirse a ellos. Recuerda los sucesos que condujeron a tu salvación y que te animaron a seguir a Cristo.

Lectura bíblica ....

JUAN 1:12

Mas a todos los que le recibieron, a los que creen en su nombre, les dio potestad de ser hechos hijos de Dios.

APOCALIPSIS 3:20

He aquí, yo estoy a la puerta y llamo; si alguno oye mi voz y abre la puerta, entraré a él, y cenaré con él, y él conmigo.

Reflexión

Describe el momento decisivo en tu vida. ¿Qué despertó tu sed de Dios? ¿Cuándo y cómo escuchaste que Él llamó a la puerta de tu corazón? ¿Qué situaciones precipitaron que la luz te alcanzara y que tú invitaras a Dios a tu vida?

Tal vez tu experiencia de llegar a la fe no haya sido tan dramática como la de Rahab. Si tu historia se parece más a la de María, ¿en qué lugar creciste en medio de seguidores de Cristo? ¿Cuándo se volvió tu fe personal? ¿Cuándo pasó la fe de tu mente a tu corazón?

Quiero recordar...

Escribe unas frases de la lección de hoy que te ayuden a recordar lo que Dios te ha enseñado.

Día tres
Mi nueva vida

Algunas hemos experimentado cambios radicales que fueron evidentes para todas las personas a nuestro alrededor. Para otras, los cambios fueron graduales y sutiles. Pero hubo cambios.

Tal vez experimentaste paz y gozo, o un nuevo sentido de propósito. Puede que te hayas despojado de tu timidez o de vicios pasados. Quizá ya no tienes temor de morir, de fracasar o de estar sola. Recuerda los primeros días y la vida nueva que Cristo produjo en ti.

Lectura bíblica...

2 CORINTIOS 5:17
De modo que si alguno está en Cristo, nueva criatura es; las cosas viejas pasaron; he aquí todas son hechas nuevas.

2 CORINTIOS 5:21
Al que no conoció pecado, por nosotros lo hizo pecado, para que nosotros fuésemos hechos justicia de Dios en él.

Reflexión

¿Cómo ha cambiado tu vida desde que llegaste a la fe en Cristo? ¿Cómo es tu crecimiento en este momento?

Quiero recordar...

Escribe unas frases de la lección de hoy que te ayuden a recordar lo que Dios te ha enseñado.

Día cuatro
Mi cita bíblica favorita

Cuando oyes que las personas hablan del versículo clave de su vida, se refieren a una cita bíblica que es para ellas una fuente constante de aliento. A veces tenemos versículos que marcan diferentes períodos de nuestra vida.

Cita bíblica

_____

Escribe una lista de tus versículos favoritos. ¿Por qué son especiales para ti? ¿Qué versículo en particular ha usado Dios para animarte en tu caminar de fe?

Aplicación

Organiza los apartes de tu historia en un texto completo que te resulte fácil recordar y contar. Una de mis amigas usa fotos de cómo se veía antes de conocer a Cristo. Ella era anoréxica. Llegar a Cristo salvó literalmente su vida física al tiempo que transformó su destino. Elige un pasaje bíblico predilecto para reforzar tu tema.

Practica relatar tu historia. Cuéntala a amigas y pídeles que te den su opinión. Si realizas este estudio con un grupo pequeño, tomen turnos para contar sus historias delante de las demás integrantes. Cuanto más cuentes tu historia, más natural será para ti compartirla en cada oportunidad que se presente. Puede que también quieras imprimir tu historia en un álbum para la posteridad.

Cada historia de fe es una parte milagrosa de la historia de Dios. Ahora voy a relatar mi historia como ejemplo.

Mi historia

¿Alguna vez has oído que la mala suerte cambia para bien a una persona? En la universidad, la curiosidad me llevó a acompañar a unos amigos en un viaje de fin de semana que era patrocinado por un ministerio universitario. El bus destartalado que habían contratado para el viaje no servía para subir las montañas hacia Gatlinburg, Tennesee, y se averió muchas veces. Cada vez, varios estudiantes se turnaron para dar gracias a Dios por nuestra situación.

Yo creía en dar gracias a Dios por cosas buenas, no por estar sentados en un bus congelado y averiado. Más tarde aquella misma noche, horas después de la hora de llegada programada inicialmente, otra parada forzada me instó a sumar mi oración silenciosa a las que habían elevado los otros estudiantes. *Señor, no oigas a estas personas. Están locas. Por favor llévanos al lugar del retiro.* Logramos llegar a nuestro destino a altas horas de la madrugada.

Durante el fin de semana, un hombre perdió su anillo de graduación y ni siquiera se preocupó. Aquellos estudiantes creían que Dios reinaba aun en los asuntos personales.

Yo conocía a Cristo. De hecho, había asistido a la iglesia desde los nueve meses previos a mi nacimiento. El mensaje del amor de Dios me había tocado personalmente en un servicio devocional en un campamento de la iglesia cuando estaba en la secundaria. Recuerdo el quebrantamiento y el gozo que experimenté cuando comprendí que Jesús me amaba al punto de morir por mí.

Sin embargo, la emoción duró poco. Mamá seguía mandándome limpiar mi habitación. Mi hermana menor seguía entrometiéndose en mis cosas, y yo todavía me enojaba. Yo había resuelto que conocer a Cristo me aseguraba una eternidad pero tenía poco que ver con mi vida cotidiana.

El hecho de estar con estos estudiantes universitarios que confiaban a Dios sus desilusiones despertó en mí las ansias de conocer a Dios como ellos lo conocían.

Empecé a asistir a un estudio bíblico que creía que la Palabra de Dios era relevante y viva, no una historia obsoleta. Siempre había rechazado lo que me parecía obsoleto. Cuando apliqué la autoridad de la Biblia a mi vida, cayeron las vendas de mis ojos espirituales. ¡Por primera vez la Biblia tenía sentido!

Dios usó estudiantes que demostraron su fe en medio de la decepción para mostrarme que Dios obra en todo. Doy gracias a Dios por usar un bus desbaratado para abrir mis ojos a la verdad de Romanos 8:28: "Y sabemos que a los que aman a Dios, todas las cosas les ayudan a bien, esto es, a los que conforme a su propósito son llamados".

Tu historia
Empieza aquí a escribir tu historia.

Quiero recordar...
Escribe unas frases de la lección de hoy que te ayuden a recordar lo que Dios te ha enseñado.

Día cinco

Tu historia

¡Enhorabuena! Hoy terminas el estudio. Oro para que practiques las lecciones que has aprendido acerca de las mujeres extraordinarias que hemos estudiado. Más que eso, anhelo que continúes confiando en nuestro gran Dios, que es el mismo ayer, hoy y por siempre. Afirma diariamente sus promesas del Salmo 23.

- Yo creo que mi Pastor provee todo lo que necesito cuando lo necesito.
- Yo creo que Él me guía a cada paso en la senda correcta.

Lectura bíblica ....

Isaías 52:7
¡Cuán hermosos son sobre los montes los pies del que trae alegres nuevas, del que anuncia la paz, del que trae nuevas del bien, del que publica salvación, del que dice a Sion: Tu Dios reina!

ROMANOS 10:14-15

¿Cómo, pues, invocarán a aquel en el cual no han creído? ¿Y cómo creerán en aquel de quien no han oído? ¿Y cómo oirán sin haber quien les predique? ¿Y cómo predicarán si no fueren enviados? Como está escrito: ¡Cuán hermosos son los pies de los que anuncian la paz, de los que anuncian buenas nuevas!

Aplicación

Termina de pulir tu historia. Léela en voz alta y haz los cambios que sean necesarios. Ora para que surjan oportunidades para contarla.

Cuando cuentes a otros tu historia, te ruego que te abstengas de hablar contra alguna denominación. De hecho, creo que es mejor no mencionar ninguna iglesia en particular o grupo cristiano, ya sea de manera positiva o negativa. Por supuesto, si te diriges a tu iglesia acerca de cómo tu familia espiritual te ha bendecido, reconocer su aporte a tu crecimiento es apropiado.

En caso contrario, es posible que el grupo específico que tanto nos bendijo haya lastimado a alguna persona que nos oiga. O puede que el grupo eclesial que nos ha decepcionado sea de gran estima para otros. Nuestro énfasis debe ser exaltar a Cristo, no ser tropiezo para el oyente.

Sé creativa en tu expresión de tu fe a fin de que te refleje de la mejor manera. Una de mis amigas ayuda a las mujeres a redactar sus historias personales de fe con la ayuda de álbumes de recortes y cartas a sus hijos, nietos y seres queridos. Tu historia crecerá con tu fe. Escribir un diario es una manera de llevar un registro de la fidelidad de Dios.

¡Que Dios te conceda gozo abundante en tu aventura de fe! Y recuerda que no es el tamaño de nuestros problemas sino el tamaño de nuestro Dios lo que determina la calidad de nuestra vida.

Quiero recordar...

Escribe unas frases de la lección de hoy que te ayuden a recordar lo que Dios te ha enseñado.

Peticiones de oración

Anota aquí las peticiones de oración de tu grupo.

Un Dios más grande que mis problemas

Notas

Semana uno

1. "Lexicon :: Strong's G4202 - *porneia*", Blue Letter Bible, consulta del 24 de diciembre de 2015, www.blueletterbible.org/lang/lexicon/lexicon. cfm?Strongs=G4202&t=NASB.

2. "Lexicon :: Strong's G4203 - *porneuō*", Blue Letter Bible, consulta del 24 de diciembre de 2015, www.blueletterbible.org/lang/lexicon/lexicon .cfm?Strongs=G4203&t=NASB.

3. Eric Metaxas, *Seven Men and the Secret of Their Greatness* (Nashville: Thomas Nelson, 2013), 149. Grupo Nelson ha publicado el libro en español con el título *Siete hombres y el secreto de su grandeza*.

Semana dos

1. John F. MacArthur, *Hebreos*, Comentario MacArthur del Nuevo Testamento (Grand Rapids: Portavoz, 2018), 367.

2. "Lexicon :: Strong's G544 - *apeitheō*", Blue Letter Bible, consulta del 1 de enero de 2016, www.blueletterbible.org/lang/Lexicon/Lexicon.cfm?strongs =G544&t=NASB.

3. Randy Alcorn, *If God Is Good: Faith in the Midst of Suffering and Evil*, (Colorado Springs: Multnomah Books, 2009), 4.

4. Robertson McQuilkin, *An Introduction to Biblical Ethics*, 2a ed. (Wheaton, IL: Tyndale House, 1995).

5. Ibíd., 439.

6. Ibíd., 441.

7. Ibíd.

8. Ibíd., 439.

9. "Lexicon :: Strong's G5287 - *hypostasis*", Blue Letter Bible, consulta del 1 de enero de 2016, www.blueletterbible.org/lang/lexicon/lexicon .cfm?Strongs=G5287&t=NASB.

10. "How Firm a Foundation", letra atribuida a John Keith, publicada en 1787, dominio público. Traducción de Vicente Mendoza.

Semana tres

1. "Ruth 4—Intermarriage", *ad Dei Gloriam* Ministries, http://addeigloriam .org/commentary/ot-history/ruth-intermarriage.htm.
2. "2004 Indian Ocean earthquake and tsunami", *Wikipedia*, http://en .wikipedia.org/wiki/2004_Indian_Ocean_earthquake_and_tsunami.

Semana cuatro

1. Levítico 25:23-27.
2. J. Vernon McGee, *Thru the Bible with J. Vernon McGee*, vol. 2 (Nashville: Thomas Nelson, 1982), 106.
3. Ibíd., 107.
4. "Lexicon :: Strong's H1350 - *ga'al*", Blue Letter Bible, consulta del 5 de enero de 2016, www.blueletterbible.org/lang/lexicon/lexicon.cfm?Strongs =H1350&t=NASB.
5. McGee, *Thru the Bible*, 142.
6. Jessica Rey, "The Godly Truth about Bikinis", *godtube*, http://m.godtube .com/watch/?v=00JF2MNU.
7. Rey, "Godly Truth".
8. Rebecca Adams, "This Is Why It's More Expensive to Be a Woman", *Huffington Post*, 23 de septiembre de 2013, http://www.huffingtonpost .com/2013/09/23/beauty products_n_3975209.html.
9. "Lexicon :: Strong's H3671 - *kanaph*", Blue Letter Bible, consulta del 5 de enero de 2016, www.blueletterbible.org/lang/Lexicon/Lexicon.cfm?strongs =H3671&t=NASB.
10. Barbara Nicolosi, "Mom Was Right", *Church of the Masses*, 11 de mayo de 2014, http://churchofthemasses.blogspot.com/2014/05/mom-was-right .html.
11. *Wikipedia*, s.v. "Levirate marriage", http://en.wikipedia.org/wiki/Levirate _marriage.
12. *Dictionary.com*, s.v. "levirate law", http://dictionary.reference.com/ browse/levirate+law.
13. "Ruth 4—Biblical Genealogies", *ad Dei Gloriam* Ministries, http:// addeigloriam.org/commentary/ot-history/ruth-genealogies.htm.

Semana cinco

1. Amy Dickinson, "Teen victim looks for answers", Ask Amy, *Raleigh News and Observer*, 26 de febrero de 2013.

2. "Lexicon :: Strong's H3947 - *laqach*", Blue Letter Bible, consulta del 6 de enero de 2016, https://www.blueletterbible.org/lang/lexicon/lexicon .cfm?strongs=H3947.

3. Kenneth Wuest, *Word Studies from the Greek New Testament*, vol. 1 (Grand Rapids: Wm. B. Eerdmans, 1973), 10.

4. Cecil Murphey, *Making Sense When Life Doesn't* (Minneapolis: Summerside Press, 2012), 9. Worthy Latino ha publicado el libro en español con el título *Encuentre el sentido cuando la vida no lo tenga*.

Semana seis

1. Bill y Anabel Gillham, *Marriage Takes More Than Two* (Brentwood, TN: Wolgemuth & Hyatt, 1989), 8.

Semana siete

1. A. C. Snow, "My Heart Takes Wing With Bluebirds", *Raleigh News and Observer*, 9 de junio de 2013.

2. Para saber más acerca de cómo se relacionan el perdón, la reconciliación y la confianza, recomiendo *Boundaries Face to Face* de los doctores Henry Cloud y John Townsend (Grand Rapids: Zondervan, 2003), 72. Vida ha publicado el libro en español con el título *Límites cara a cara*.

3. Matthieu Ricard, "The Habits of Happiness", TED, febrero, 2004, https://www.ted.com/talks/matthieu_ricard_on_the_habits_of _happiness.

4. C. S. Lewis, *The Problem of Pain* (Nueva York: Harper Collins Paperback, 2001), 32. HarperOne ha publicado el libro en español con el título *El problema del dolor*.

5. Escuché a Brennan Manning hacer esta rima en la versión audio del libro *Abba's Child*.

6. Charles Caldwell Ryrie, *Biblia de estudio Ryrie* (Grand Rapids: Portavoz, 1991, 2012), 663.

7. Ibíd.

Semana ocho

1. Kenneth Wuest, *Word Studies from the Greek New Testament*, vol. 2 (Grand Rapids, MI: Wm. B. Eerdmans, 1973), 46.

2. "Lexicon :: Strong's G1135 - *gynē*", Blue Letter Bible, consulta del 7 de enero de 2016, https://www.blueletterbible.org/lang/lexicon/lexicon. cfm?Strongs=G1135&t=NASB.

3. "Lexicon :: Strong's G435 - *anēr*", Blue Letter Bible, consulta del 7 de enero de 2016, https://www.blueletterbible.org/lang/lexicon/lexicon .cfm?Strongs=G435&t=NASB.

4. Richard Exley, *The Indescribable Gift* (Green Forest, AR: New Leaf Press, 2002), 34.

Semana nueve

1. Macrobius, *Saturnalia* 2:4:2, citado en Jimmy Akin, "Did the Slaughter of the Innocents Really Happen?", *National Catholic Register*, 26 de diciembre de 2012, www.ncregister.com/blog/jimmy-akin/did-the-slaughter-of
-the-innocentsreally-happen#ixzz2RK0C7Uu8.

2. "Lexicon :: Strong's G4933 - *syntēreō*", Blue Letter Bible, consulta del 7 de enero de 2016, https://www.blueletterbible.org/lang/lexicon/lexicon. cfm?Strongs=G4933&t=NASB.

3. Nota de la autora: Esto no debe confundirse con papeles que conllevan ciertas responsabilidades. En la cruz, Jesús proveyó para el futuro de su madre. 1 Corintios 7:32-35 y otros pasajes muestran que el matrimonio y la crianza de los hijos incluyen el llamado de proveer y atender las necesidades del cónyuge y de los hijos en crecimiento.